EL IMPERIO ROMANO

Auge Y Caída De Roma. Explora La Historia, La Mitología, Las Leyendas, Las Batallas Épicas Y Las Vidas De Los Emperadores, Las Legiones, Los Héroes, Los Gladiadores Y Más

HISTORY BROUGHT ALIVE

BONO GRATUITO DE HISTORY BROUGHT ALIVE (HBA): PAQUETE DE EBOOKS

¡Saludos!

En primer lugar, gracias por leer nuestros libros. Como compañeros apasionados por la historia y la mitología, nuestro objetivo es crear los mejores libros para nuestros lectores.

Ahora, te invitamos a unirte a nuestra lista VIP. Como regalo de bienvenida, te ofrecemos el paquete de libros de historia y mitología que aparece a continuación de forma gratuita. Además, podrás ser el primero en recibir los nuevos libros y las exclusivas. Recuerda que es 100% gratuito unirse.

Simply click the click or scan the QR code below to join.

https://www.subscribepage.com/hba

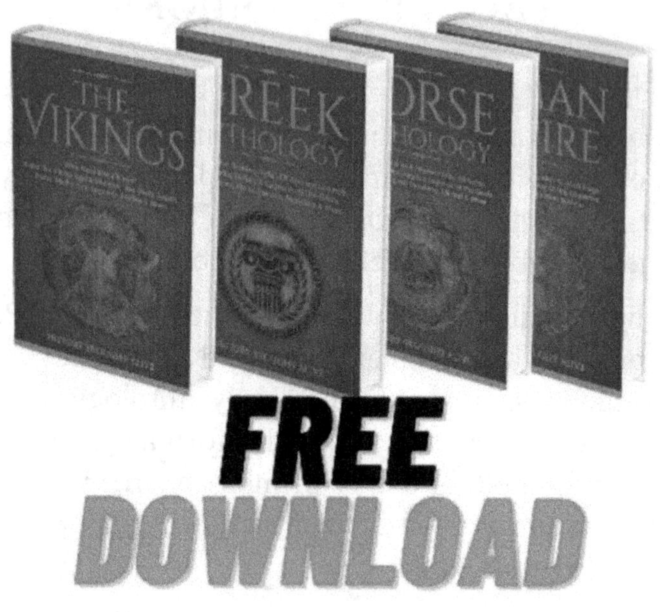

<u>Keep up to date with us on:</u>

YouTube: History Brought Alive

Facebook: History Brought Alive

www.historybroughtalive.com

ÍNDICE

INTRODUCCIÓN

Biografía del Autor

History Brought Alive es una empresa especializada en la redacción de obras de alta calidad sobre la historia y la mitología del mundo antiguo. Los libros que escribimos son informativos, basados en hechos e idóneos para cualquiera que quiera aprender más sobre el pasado y el mundo en el que vivimos. Nuestros libros pretenden enseñar al lector ávido, abrir su mente y desafiar sus suposiciones sobre la historia de maneras que nunca antes había pensado. Este libro es una referencia intemporal que querrás utilizar una y otra vez. Estas obras, construidas con mucho cariño, están escritas para perdurar. El legado que producen perdurará a través de los tiempos y entretendrá, satisfará y dará poder a generaciones de lectores.

Roma Victrix

En el año 27 d.C. nació un imperio. Un diminuto asentamiento a orillas del Río Tíber que se desarrolló y creció hasta convertirse en una fuerza colosal e imparable, una potencia sin precedentes en el mundo antiguo. En su apogeo, el Imperio Romano dominaba el mundo desde la Europa continental, Gran Bretaña, Asia Occidental, el norte de África y muchos otros territorios. El idioma, la religión, la cultura y el modo de vida modernos surgieron de este imperio. "SPQR" era el lema del Imperio Romano: *Senatus Populusque Romanus* (que significa el Senado y el Pueblo Romano). Este lema representaba la totalidad y la inevitabilidad del Estado romano, los dos aspectos de su grandeza: su pueblo y su gobierno (o Senado). La grandeza de Roma no solo se manifestaba en su poderío militar, sino también en sus avances tecnológicos, su estilo de vida progresista y su hegemonía sobre las culturas del mundo. En aquella época, Roma estaba a la cabeza del avance de la civilización y su dominio era total.

El estudio de la historia de los Romanos es amplio y complejo. Podemos dividir el estudio de la Antigua Roma en diferentes áreas que facilitarán su análisis. Al igual que los propios romanos, para estudiar esta civilización tenemos que atenernos a los principios de orden, estructura y disciplina. En primer lugar, tenemos la cronología de la historia romana. ¿Cómo empezó todo? ¿Cuáles fueron los factores que condujeron al surgimiento y la fundación de Roma? ¿Cuáles fueron los factores que condujeron a su eventual declive? Los acontecimientos importantes son más fáciles de entender si se enumeran en orden cronológico. Podemos ver los acontecimientos más importantes de la historia de Roma a medida que se producen y podemos ver fácilmente el contexto que rodea a estos acontecimientos.

A continuación, tenemos la disposición de la tierra como tal. ¿Sobre qué se construyó Roma, literalmente? ¿Cuál era la topografía y la geografía de la antigua Roma? Un tema importante a tener en cuenta cuando se piensa en la geografía de la antigua Roma es el modo en que las montañas que rodeaban la ciudad desempeñaron un papel en su desarrollo. Estas características del terreno no solo se utilizaron para la defensa de la ciudad y del imperio; la forma en que los antiguos romanos utilizaron el entorno también desempeñó un papel en su desarrollo como civilización. La propia geografía de la región estaba intrínsecamente ligada a la cultura y la historia del imperio.

Los personajes de la Antigua Roma la convirtieron en lo que es, un teatro político y social de intrigas. Gran parte de la vida romana se centraba en las figuras de autoridad de la época. Cualquier estudio serio, tiene que comenzar con una mirada a los propios emperadores. No solo eso, sino que también hay que examinar la forma en que el Senado desempeñaba su papel en el imperio. Más allá de la naturaleza del gobierno en la Antigua Roma, están los dramaturgos, los autores de palabras, los eruditos, los poetas, los filósofos, los guerreros y también los hombres y mujeres corrientes que componían el imperio. Cada una de estas personas muestra un aspecto diferente de la antigua Roma en su conjunto. Son un microcosmos de lo que debió ser la sociedad y por supuesto sus historias son fascinantes de contemplar. El corazón de la antigua Roma era su gente.

¿Cómo sobrevivían los romanos en la vida cotidiana? La vida romana llegó a ser una de las más avanzadas de cualquier civilización del mundo. Roma era el mundo culto, el mundo civilizado y el faro de luz que la gente veía en una sociedad por lo demás oscura e incivilizada. Roma sobrevivió porque implantó un modo de vida que fue exitoso para todos los miembros de la sociedad de la época. La rigidez de la sociedad en su conjunto generó un sentido del deber y del patriotismo hacia el imperio y hacia la propia Roma. La gente sabía lo que se esperaba de ellos en cualquier día. La lealtad era la moneda del reino. El modo de vida romano estaba estructurado de tal manera que la civilización en su conjunto prosperaba y crecía.

Cuando la gente piensa en Roma, piensa sobre todo en el ejército; y con toda razón. El ejército romano era uno de los más poderosos del mundo. ¿Cómo llegaron a serlo? De un pequeño ejército de hombres a una de las mayores fuerzas de combate que el mundo haya visto jamás, el ejército romano fue el estándar de oro durante siglos por su disciplina, dedicación, crueldad y habilidad. Respaldados por un exhaustivo régimen de entrenamiento, los soldados romanos estaban considerados entre los mejores del mundo en lo que hacían. Aunque lo que hacían era conquistar el mundo conocido y derramar sangre. El proceso de desarrollo de esta fuerza de combate es un viaje fascinante.

La mitología romana contiene una plétora de personajes fascinantes y complejos. Al igual que los griegos tenían su panteón de dioses, los romanos tenían su propio panteón. Cada aspecto de la sociedad estaba cubierto por un dios específico. El líder del panteón de sus dioses era conocido como *Júpiter* o *Jove*. Otros dioses romanos notables son Minerva, Juno y Marte. El nombre "panteón" procede del nombre griego que designa al conjunto de dioses de una cultura.

El camino del Imperio Romano no duró. Debido a numerosos problemas, el imperio acabó cayendo debido a un mal gobierno, un ejército debilitado y la influencia externa de los invasores bárbaros. La caída del Imperio Romano en Occidente condujo a los periodos de la Edad Media y la Oscuridad, de los que quedan pocos registros escritos.

La historia romana es un viaje de descubrimiento, la cual debe ser abordada con una mente abierta. Al hacerlo, podemos empezar a desvelar los secretos del imperio y lo que significó en el contexto de la historia mundial.

CAPÍTULO 1

Cronología

I Los Tres Periodos de la Antigua Roma

La civilización romana puede dividirse en tres períodos distintos bien identificados. Estos periodos abarcan la progresión completa del imperio, desde su nacimiento en el año 700 a.C., hasta su declive y caída en torno al 600 d.C. Los nombres de estos periodos son discutidos por los historiadores. Según *El Imperio Romano: Una Breve Historia (sin fecha)*, los tres periodos (aparte de la fundación propiamente dicha) son el Periodo de los Reyes, la Roma Republicana y la Roma Imperial.

La Fundación de Roma

Según *Este día en la Historia (sin fecha)* existen dos versiones de la fundación de Roma: una mitológica o legendaria y otra histórica. Según la mitología, Roma fue fundada por Rómulo y Remo en el Río Tíber hacia el Siglo VII de nuestra era. El origen de la fecha exacta de la fundación de Roma se atribuye al erudito romano Marco Terencio Varrón en el Siglo I.

La Leyenda

La leyenda sostiene que Rómulo y Remo eran hijos gemelos de la mítica Rea Silvia, hija del rey Numitor. Silvia y Numitor vivían en Alba Longa, una ciudad de las Colinas Albanas, ubicada al sureste de la propia Roma. Numitor fue depuesto por su hermano menor Amulio. El malvado Amulio intentó obligar a Rea Silvia a convertirse en una virgen vestal, privándola así de la posibilidad de tener hijos que algún día pudieran disputarle el trono. Sin embargo, Marte, el dios de la guerra, fecundó a Rea Silvia y ésta dio a luz a dos hijos gemelos, Rómulo y Remo. Aunque el villano rey Amulio ordenó matar a ambos bebés ahogándolos en el Río Tíber, estos sobrevivieron y más tarde fueron encontrados y amamantados por una loba al pie de la colina del Palatino. Un pastor, Fáustulo, los rescató entonces después o eso dice la historia. Entonces, Fáustulo crió a los niños hasta que se volvieron robustos y fuertes. Formando una banda de guerreros con otros hombres, atacaron Alba Longa y mataron a Amulio, devolviendo el trono a su abuelo y estableciendo una ciudad a orillas del río donde fueron descubiertos. Sin embargo, las cosas no terminaron bien para la familia. Algún tiempo después, Rómulo y Remo tuvieron un desacuerdo y Remo murió en la refriega. Rómulo se hizo cargo entonces del asentamiento en el río y lo bautizó con su nombre, Roma.

Cómo Nació Roma

Como sugiere la leyenda, Roma se fundó efectivamente a orillas del Río Tíber en el año 700 a.C. Según Joshua J. Mark (2009), Roma comenzó como una pequeña ciudad que fue creciendo en fuerza y tamaño. Fue gobernada por siete reyes durante un periodo de unos 200 años. Tomando como referencia el cercano estilo de vida griego, la pequeña tribu comenzó a imitar las mejoras de la sociedad vecina en cuanto a cultura y arquitectura. La tribu romana observó a los fuertes habitantes etruscos del norte interesándose en su estilo de vida y sus avances tecnológicos. Etruria era ya un asentamiento bien establecido y parecía tener un impacto significativo en el desarrollo del asentamiento romano en esa época. La ubicación privilegiada de Roma junto al río permitía el florecimiento del comercio, el crecimiento de la agricultura y la disponibilidad de agua. Esto es un reflejo de la forma en que el poderoso Imperio Egipcio había llegado a ser muchos, muchos miles de años antes - confiando en la fuerza del Río Nilo. A medida que Roma se fortalecía, entraba en contacto con los asentamientos vecinos. Desde sus primeros años, demostró ser muy buena aprendiendo de las tribus que había a su alrededor y hacia el año 600 a.C., era una ciudad próspera y floreciente. Ya no era una pequeña ciudad, ya se habían sembrado las semillas de lo que acabaría siendo el poderoso reino de Roma. Alrededor del año 500 a.C., fue depuesto el último de los siete reyes de Roma, Tarquino el Soberbio. Un hombre llamado Lucio Junio Bruto abolió entonces la monarquía y estableció la primera República Romana.

Expansión

En los primeros años del imperio, Roma aún no había desarrollado todo el potencial de su poderío militar, aunque ya empezaba a mostrar signos de alejamiento del comercio y de una mentalidad más expansionista. Según Wasson (2016), "la historia de la ciudad está envuelta en historias de valor y guerra". Tras la caída de Tarquino el Soberbio, el último rey de Roma, el resto del siglo V a.C. estuvo marcado por la guerra. Muchos acontecimientos significativos marcaron el crecimiento del reino. Tras la caída de la monarquía en el año 509, se tiene poca información de los siguientes 70 años, ya que sobreviven pocos registros escritos. La ciudad empezaba a convertirse en la fuerza dominante en gran parte de la península itálica, pero no fue sin sacrificios. Otras tribus vecinas notaron la falta de liderazgo y control sobre la propia ciudad y trataron de asediarla.

Según *República Romana (509 a.C. - 27 a.C.)* (sin fecha), muchas personas dentro de la propia ciudad estaban divididas, una parte quería volver a la monarquía y la otra parte quería seguir siendo una república, lo que llevó a un conflicto dentro de la propia república. Roma tuvo que enfrentarse a las tribus vecinas que querían acabar con el incipiente estado, ya que se sentían amenazadas por su dominio. Entre las batallas más destacadas de este momento se encuentran las Guerras Pírricas, la Guerra de Regallus y los conflictos contra Grecia, los Samnitas y los propios Etruscos.

El sistema legal de la Antigua Roma comenzaba a establecerse y se sembraban las semillas de lo que más tarde se convertiría en el imperio más poderoso que el mundo ha conocido. En el año

450 a.C. se redactó la Ley de las Doce Tablas (en latín, Lex XII Tabularum). Se trata de una de las primeras versiones del derecho romano y en ella se establecía cómo se debía tratar a los ciudadanos, con justicia e igualdad. Estas tablas de bronce constituyeron la base de la futura doctrina jurídica romana. Según *La Ley de las XII Tablas (sin fecha)*, estas tablas contenían estatutos para todo tipo de situaciones legales, desde leyes públicas hasta asuntos de justicia. La codificación de estas tablas fue una señal de que Roma estaba avanzando hacia una forma de sociedad más estructurada, que perduraría a través de los tiempos.

Las Semillas del Imperio

Al llegar el año 27 a.C., Roma estaba avanzada tanto tecnológicamente como en cuanto a su civilización y sociedad. Roma estaba preparada para convertirse en un imperio. Pero, para eso, los romanos necesitarían expandirse y crecer cada vez más. La república estaba sumida en la confusión política y había disturbios en las calles, concretamente en la batalla de la Galia Aquitania, en la que el general Agripa obtuvo una gran victoria sobre los rebeldes.

Muchos pensaban que Roma estaba a punto de caer debido a este malestar creado por la guerra civil entre las diferentes facciones de la república. La ciudadanía romana estaba siendo víctima de la corrupción y el vicio que asolaba la ciudad (Wasson, 2016). Estaba surgiendo una especie de maldad, que venía causada por la decadencia moral y la vida imprudente. El acontecimiento que finalmente llevó a la formación o transición, de la república al imperio fue la creación del triunvirato, una alianza entre tres grandes figuras de la historia romana: Julio César, Craso y Pompeyo, todos los cuales tenían planes para gobernar Roma. Estos tres hombres arrebataron el poder al Senado y lo aprovecharon para sí mismos. Debido a que el Senado había estado a cargo de Roma cuando era una República, anteriormente le correspondía decidir la dirección del gobierno y supervisar las transiciones de poder, pero el triunvirato debilitó gravemente el papel del Senado. Este nuevo poder dictatorial dio al nuevo triunvirato influencia política sobre la plebe (o pueblo común). Con el tiempo, uno de estos hombres se volvería más influyente que los demás y acabaría convirtiéndose en dictador de toda Roma. Su nombre, por supuesto, era Julio César, la primera de las grandes figuras políticas de la Antigua Roma, quien es probablemente el mayor gobernante romano que jamás haya existido. A pesar de ello, en ese momento los tres hombres consintieron en dejar de lado sus diferencias y gobernar la República que estaba fragmentada. Sin embargo, los inicios de esta alianza se habían sembrado muchos años antes.

César, Pompeyo y Craso

Diez años antes, un hombre llamado Espartaco, un gladiador de la arena, había liderado una rebelión por las calles del sur de Italia. La motivación de los rebeldes era simple: no querían seguir siendo esclavos. La revuelta se prolongó tanto que el Senado envió a Craso a sofocarla; pero, él no recibió el debido crédito por hacerlo, ya que Pompeyo, mientras regresaba de España, había reclamado la gloria por aplastar la rebelión. Ambos hombres se trataban con desconfianza, pero los dos fueron nombrados co-cónsules hacia el año 70 a.C. por su participación en la victoria sobre esos rebeldes.

En el año 67 a.C., Roma se enfrentaba a una escasez de alimentos. Los piratas habían afectado de manera desenfrenada a las rutas comerciales, lo que provocó una escasez generalizada de los valiosos recursos. A Pompeyo se le encomendó la tarea de hacer frente a estos piratas y también a un hombre llamado Mitrídates, quien era el gobernante del reino del Ponto que seguía asediando las provincias romanas. Tras la derrota de Mitrídates y la extinción de la amenaza pirata, Roma disfrutó de un periodo de relativa calma. Sin embargo, las campañas de Pompeyo en el Mediterráneo iban a cambiar fundamentalmente la naturaleza del imperio así como el mapa, redibujándolo hacia el este. Cuando Pompeyo regresó en el año 62 a.C., su visión había cambiado y deseaba tierras para sus veteranos militares. El Senado no se lo concedió, pero sí puso de manifiesto el objetivo de Pompeyo: gobernar un territorio propio.

Cada uno de los miembros del triunvirato tenía sus razones para querer gobernar Roma, eso era bastante claro. Pompeyo aspiraba a la gloria militar y a un espacio vital para sus soldados. César quería alcanzar el papel de "Cónsul" y, por tanto, una parte de los poderes gobernantes de Roma. A su vez, Craso deseaba beneficiarse financiera y económicamente. César ya era un militar, que había regresado triunfante de España. Tenía algo que a los otros les faltaba: carisma. Independientemente de lo que los tres hombres sintieran el uno por el otro, optaron por permanecer como un partido gobernante de tres puntas, manteniendo el poder alejado del pueblo y dcl Senado. César consiguió unir a Craso con Pompeyo a través de una tregua incómoda debido a sus diferencias de opinión sobre la política. En el año 59 a.C., César fue elegido cónsul de Roma, uno de los cargos más poderosos del país, ya que era el jefe del Senado. En esta posición, pudo ejercer influencia sobre los otros dos miembros del triunvirato. Aumentó el número de miembros del Senado a 900 y comenzó a dominar el ejército. El Senado, ahora muy temeroso de la influencia de César, le ordenó que liberara el mando del ejército, pero César se negó.

El Mandato de César

Aunque Julio César no gobernó durante mucho tiempo, es innegable su impacto en el mundo romano y en el curso de la historia. Tras ser electo como cónsul, intentó consolidar su gobierno y expandir el imperio al mismo tiempo. Uno de sus logros más notables fue la conquista de la Galia entre el 58 y el 50 a.C. César destacaba por ser un general astuto y despiadado, ya que había estado involucrado en el ejército toda su vida mientras estaba en España. Sin embargo, se había ganado muchos enemigos durante su estancia en las altas esferas políticas de Roma. Lo que ocurrió a continuación dañó aún más la frágil relación existente con el triunvirato: Craso fue asesinado en la batalla de Carras en el año 53 a.C. Esto dio popularidad a Pompeyo y al inmensamente popular César. Para entonces, César era el único cónsul de Roma, por lo cual Pompeyo vivía a la sombra de César. Estaba claro que solo iba a haber un gobernante de Roma y que Pompeyo tendría que esperar. Pompeyo estaba cada vez más celoso de César y de su creciente influencia y la relación entre los dos hombres se volvió más difícil. César inició entonces una guerra civil en el año 49 a.C., conduciendo un ejército a través del Río Rubicón, en contra de los deseos del Senado. En los años siguientes, se extinguió rápidamente la resistencia política al gobierno de César y siguió un periodo de relativa estabilidad. Con César como único dictador de Roma, con un poder indiscutible.

El Asesinato de César

El gobierno de Julio César no duró mucho. A pesar de las reformas que había introducido en Roma y de los cambios que había introducido en la sociedad, un grupo de sus enemigos políticos se reunió en marzo del 44 a.C. y lo asesinó. Fue un final aparentemente prematuro para uno de los grandes gobernantes del mundo. Su legado no puede ser exagerado. Puso fin a la línea de gobernantes republicanos, arrebató el poder al Senado, expandió enormemente el imperio, introdujo el cambio social e introdujo a Roma en una nueva era: la era de los emperadores. A partir de este momento y hasta su eventual declive, 400 años más tarde, Roma estaría siempre gobernada por un emperador.

La era de los Emperadores

El Segundo Triunvirato

Tras la muerte de César, se formó un nuevo triunvirato. Marco Antonio asumió el liderazgo del imperio, pero todavía tenía que lidiar con los asesinos de César. Para aplacar a estos hombres, se hizo un acuerdo entre Antonio y los conspiradores de la caída de César, Bruto y Casio. Se les nombró gobernadores de las provincias del imperio, pero esto enfureció al hijo adoptivo de César, Octavio, según el *Segundo Triunvirato* (sin fecha). Después de incitar a varios veteranos de guerra romanos descontentos contra Antonio, Octavio intentó liderar una revuelta en Módena. Tras derrotar a Antonio en la batalla, Octavio regresó a Roma y exigió ser nombrado cónsul, formando una alianza nada menos que con el propio Antonio. Apoyado por otra figura influyente del que fuera el ejército de César, Marco Emilio Lépido, los tres decidieron formar la nueva dictadura colectiva de Roma. Los tres gobernantes tomaron colectivamente decisiones en nombre de Roma e hicieron reformas para debilitar al Senado, proporcionar tierras de cultivo a los soldados de César, ejecutar a una serie de oponentes políticos y, en Filipos, derrotar a las fuerzas responsables del complot para asesinar a César. Bruto y Casio se suicidaron durante la batalla.

Batalla en Sicilia

Los enemigos del régimen se unieron en Sicilia bajo el liderazgo del hijo de Pompeyo, Sexto. Quien fue derrotado en la batalla en el mar, en el año 36 a.C. Este incidente también supuso el fin del triunvirato, ya que Lépido fue relevado de sus poderes tras enfadar a Octavio al exigirle que abandonara Sicilia. La mitad del ejército de Lépido desertó al lado de Octavio, demostrando su influencia. Cinco años después, Antonio y Octavio entraron en guerra porque Antonio se había enamorado de la despampanante reina ptolemaica Cleopatra. Decidiendo que Antonio estaba dividido en su lealtad al imperio, Octavio atacó y derrotó a Antonio con la ayuda del hábil general Agripa. Octavio asumió entonces el liderazgo exclusivo de Roma, unió el imperio y fue considerado uno de los mayores líderes de Roma hasta su muerte en el año 14 a.C. De hecho, sus reformas hicieron que Roma se convirtiera en la más poderosa de su historia gracias a una pequeña frase: Pax Romana.

Pax Romana

Con la pacificación de los disturbios civiles, Roma había entrado en una nueva fase de dominio mundial. Ya no iba a estar a la ofensiva. Roma comenzaba a aceptar la idea de consolidar su poder en las tierras que ya poseía. Los siguientes 200 años se dedicaron a la conquista imperialista pacífica, marcada por menos guerras que antes. El imperio creció y se fortaleció. Aunque se produjeron algunas revueltas, el gobierno romano fue capaz de sofocar estos incidentes y mantener la paz. El comercio y la industria con los países vecinos se potenciaron. Este periodo duró hasta el 180 d.C. aproximadamente, según *La Pax Romana* (2021).

Tras la batalla de Sicilia, Octavio regresó a Roma y se erigió como único gobernante del imperio. Sin embargo, tuvo cuidado de no flexibilizar su autoridad ante el Senado como había hecho Julio César, según *La Pax Romana* (2021). Tuvo cuidado de mantener un equilibrio entre su poder absoluto y las estructuras tradicionales del gobierno republicano. El Senado mostró su apoyo a Octavio y le concedió el título honorífico de “Augusto” cuando intentó renunciar voluntariamente a sus poderes en el año 27 a.C. El nombre Augusto significa "el majestuoso" en latín. Y, ciertamente, Augusto fue un gran gobernante merecedor de ese nombre. En sus 41 años como gobernante de Roma, el imperio experimentó una estabilidad que no había experimentado nunca antes.

Una de las áreas clave en las que Roma se hizo más y más poderosa fue en el campo de la tecnología. El descubrimiento del concreto les permitió construir edificios y estructuras de gran envergadura y potencia, lo que llevó a la construcción de carreteras, que en aquella época no eran la parte más desarrollada de las estructuras de comunicación de ninguna región. La construcción de poderosos monumentos, como el Panteón, solidificó la idea de que la cultura romana era dominante. Tales estructuras eran símbolos del imperio de la ley y el orden dentro del imperio. Algunas de las más grandes mentes literarias de la historia del mundo nacieron durante este periodo: Virgilio, Ovidio, Livio y Horacio. Se podría decir que el estilo de vida romano se arraigó en la sociedad y, para gran parte del mundo, Roma era vista como el bastión de la ley, el orden y la civilización en Occidente. Era imposible imaginar el mundo sin Roma. Sin embargo, no todo era perfecto. El imperio aún tenía algunos problemas de crecimiento. No se podía confiar en todos los emperadores.

Calígula

Por ejemplo, una de las grandes tragedias de la historia romana se produjo tras la muerte de Augusto en el año 14 d.C. El siguiente emperador fue el malvado Calígula, un hombre sádico que se complacía con el sufrimiento de los demás. Era tan terrible que el Senado se volvió contra él y lo hizo ejecutar en el año 41 d.C. por su propia guardia Pretoriana.

El Cristianismo en la Antigua Roma

Es importante conocer los problemas sociales y políticos a los que se enfrentó Roma durante su ascenso, desarrollo y eventual declive como una potencia mundial. En un imperio en el que la lealtad al César se consideraba el mayor honor que un civil podía conceder, las opiniones personales y religiosas se consideraban a veces como amenazas porque desafiaban los supuestos sobre los que se había construido Roma: la noción de que el César era un dios y que Roma era todopoderosa. En ningún lugar se demuestra esto más claramente que en el caso del auge del cristianismo como sistema de creencias popular. Cuando las creencias personales de los ciudadanos chocaban con su deber hacia Roma, a menudo se presentaba un conflicto entre ellas. Fundado por Jesucristo y posteriormente difundido y ampliado por el apóstol Pablo, el mensaje del cristianismo comenzó a difundirse hacia el año 40 d.C. A pesar de los intentos que tuvo el gobierno para controlarlo, el mensaje siguió creciendo incluso hasta los rincones más alejados del imperio. Esto provocó una enorme división entre los cristianos de Roma (este era el nombre que los romanos habían dado de manera despectiva a los que creían en las enseñanzas de Cristo) y la gente que adoraba a las deidades romanas locales. Según *Roma y el Cristianismo* (2015), los que seguían el cristianismo por lo general eran los pobres y los esclavos. A menudo eran maltratados y en el año 64 d.C., el malvado emperador de la época, Nerón, culpó a los cristianos de provocar el gran incendio que destruyó gran parte del Circo Máximo. A partir de este momento, los cristianos fueron aún más perseguidos de lo que habían sido y fueron ejecutados en cada oportunidad que tenían. Esta persecución dio lugar a lo que debió ser una práctica común para las personas que temían por su vida y su seguridad durante esa época: Los cristianos decidieron operar de forma clandestina, en las catacumbas y en las vías de agua bajo Roma, donde sus actividades no serían descubiertas. Esta persecución de los cristianos continuaría hasta que el emperador Constantino eliminó la restricción de practicar la religión en el año 313 d.C.

Los Cinco Buenos Emperadores

No todos los emperadores romanos eran moralmente corruptos. Lo que contribuyó en gran medida a la estabilidad de la Pax Romana fue la sucesión de sabios y estoicos emperadores romanos tras la muerte de Calígula. Estos emperadores fueron: Nerva, Trajano, Adriano, Antonino Pío y Marco Aurelio, el último emperador recto de la Pax Romana. Según *Los Cinco Buenos Emperadores* (sin fecha), en ese momento había pequeños signos de debilidad en el imperio, pero pasaron desapercibidos durante muchos, muchos años. Sin embargo, el malvado emperador Cómodo puso fin a esta época de paz romana. A esto le siguieron tiempos difíciles. A principios del siglo II, sin embargo, las cosas parecían ir bien. Roma estaba en la cima de su poder bajo el gran emperador Trajano. Su imperio se extendía al máximo, desde Escocia en el norte y el oeste, hasta Babilonia en el este. Esto ocurrió en el año 117 d.C.

El Fin de la Pax Romana

Cuando Marco Aurelio murió en 180 d.C., provocó varias guerras civiles dentro del imperio que finalizaron con la muerte del malvado Cómodo en 193 d.C. En ese momento, el imperio estaba muy dañado. Septimio Severo fue el nuevo gobernante de Roma y heredó un imperio cargado de luchas y divisiones. Entró en el Senado en el año 173 d.C., y se convirtió en cónsul en el 190 d.C., tras unos años turbulentos en el imperio. Era hijo de un ecuestre y procedía de la colonia romana de Leptis Magna, una antigua ciudad libia. El reinado de Severo (desde alrededor de 193 d.C. hasta 211 d.C.) se caracterizó por sus constantes campañas militares y el control sobre sus rivales políticos. Severo destacó por su trato benévolo a los soldados y veteranos, a favor de mejorar sus vidas. Se les concedieron tierras y favores especiales e incluso se les permitió casarse mientras estaban en el servicio militar.

Durante la época que estuvo Severo como emperador, también se destaca que "orientalizó" la monarquía romana, hasta cierto punto. Esto se ve en sus prioridades, como el establecimiento de más puestos de avanzada en la frontera oriental y el restablecimiento de la provincia de Mesopotamia cuando derrocó a los partos en la batalla de Ctesifonte. Severo también supervisó la reparación del Panteón después de que fuera dañado durante la guerra civil que finalizó en 197. Severo murió mientras se encontraba en Britania, en el 211 d.C. Durante los últimos años de su vida, había estado luchando allí contra los caledonios. Según un artículo titulado "Lucio Septimio Severo" (sin fecha), se comenta que Severo aconsejó a sus hijos que favorecieran a los militares y a los veteranos del ejército mientras él estaba en su lecho de muerte. Sin embargo, no se sabe hasta qué punto es cierta esta advertencia. Lo que sí se sabe es que Roma estaba entrando en una era más nueva e incierta. La dinastía de los Severos, que siguió a la desastrosa época de Cómodo, se considera el principio del fin de la Edad de Oro de Roma. El imperio seguiría existiendo durante muchos cientos de años, pero la tranquilidad y la estabilidad que habían estado presentes durante tanto tiempo llegaban a su fin.

El Siglo III

El siglo III de la historia romana es un periodo que va desde el año 201 hasta el 300 aproximadamente. Fue un periodo marcado por el comienzo de la inestabilidad política crónica, la depresión económica y las grandes divisiones dentro del imperio. Roma seguía siendo la principal fuerza mundial, pero ya empezaba a alcanzar los límites de su poder. Las tribus bárbaras del norte y de otras regiones empezaban a percibir su debilidad y gran parte del siglo III se vio empañada por las luchas. El reinado de Aureliano, entre el 270 y el 275 d.C., aportó cierta estabilidad durante ese tiempo, pero en general fue un periodo turbulento en la historia de Roma.

El emperador Diocleciano dividió aún más el imperio durante su periodo de gobierno en torno al 280 d.C. Cada parte del imperio fue controlada por un gobernante separado llamado tetrarca. Sin embargo, la tetrarquía no sobrevivió mucho tiempo debido a la repentina dimisión de Diocleciano cuando enfermó. Se retiró tranquilamente a su huerto en Dalmacia y allí vivió el resto de sus días. Sin embargo, los problemas se estaban gestando. La retirada de Diocleciano volvió a sumir al imperio en el caos. El ligero periodo de calma que había traído Aureliano pronto se olvidó, ya que empezaron a surgir de nuevo divisiones, facciones y disturbios políticos.

Oriente y Occidente

En la gran ciudad de Nis, en el año 272 d.C., nació el legendario Constantino. Criado bajo el liderazgo de Flavio Constancio, uno de los líderes de la infame Tetrarquía, pronto se estableció como una figura divisiva debido a sus inclinaciones políticas y religiosas. Su madre era griega de nombre Helena, no era muy culta ni conocida, pero el propio Constantino se convertiría en uno de los grandes gobernantes del esforzado Imperio Romano y su época como gobernante, desde el 308 al 337 d.C., fue importante por muchas razones. Roma era ahora un imperio fragmentado y lo había sido desde el gobierno de Diocleciano unos años antes. Constantino consiguió unir de nuevo las facciones dentro del imperio, aunque Roma siempre estaría dividida entre Oriente y Occidente. Hacia el año 324, las cosas volvían a la normalidad en el Imperio Romano y reinaban nuevamente la estabilidad y la paz. Sin embargo, la gran ciudad de Roma ya no era vista como la joya de la corona. Constantino dirigió su mirada hacia el este. Intuyendo que en los años venideros habría invasiones bárbaras a las que Roma no podría hacer frente, Constantino fundó la gran ciudad de Constantinopla en la parte oriental del imperio. Constantinopla era una posición mucho más fácil de defender que la expuesta costa romana en Italia. Constantinopla se convertiría en una poderosa fortaleza en los años futuros, un símbolo de que la fuerza romana siempre estaría ahí, aunque estuviera atrincherada en el este y no en el oeste.

El Primer Emperador Cristiano

Constantino fue único ya que fue el primer emperador que abrazó el cristianismo, que hasta ese momento había sido visto como un desafío a los valores tradicionales romanos de adoración al César, al Estado y al panteón romano. Constantino, en cambio, no veía las cosas de la misma manera. En el año 313, introdujo el Edicto de Milán, un documento que permitía a los cristianos librarse de la persecución y practicar su sistema de creencias en cualquier lugar que quisieran. Esta acción por parte del emperador marcó un evidente cambio con respecto a lo que había existido antes. Sin el miedo a la muerte, muchos cristianos se volvieron más audaces y activos a la hora de compartir su fe y sus creencias con los demás.

Sin embargo, esto no significaba que los cristianos fueran más populares entre la población civil. La gran mayoría de los ciudadanos romanos seguían creyendo en sus dioses tradicionales. Todavía existían claras divisiones entre los que creían en la gloria del imperio y los que no. Esta división entre la

Roma cristiana y la pagana duraría hasta la caída del paganismo en torno al año 230 d,C.

El Siglo IV, la Decadencia y Caída del Imperio

El siglo IV marcó el principio del fin de Roma como potencia mundial. Este deterioro se había gestado durante muchos años, pero cuando se produjo, el proceso fue bastante rápido. Constantino el Grande, el gobernante de la mitad occidental del Imperio Romano, se contentó con dejar que otros se hicieran cargo de la mitad oriental. En el año 316 d.C., el emperador oriental Licinio, que había estado compartiendo el poder con otro gobernante romano, Maximino, tomó la propiedad exclusiva de la mitad oriental del Imperio Romano. En el 324 d.C., Constantino luchó contra Licinio y lo derrotó, posteriormente reunió de nuevo el imperio. Esta acción llevó a la fundación de la ciudad de Constantinopla (antes conocida como Bizancio). La dedicación de la ciudad en el año 330 d.C. marcó la división oficial del Imperio Romano por primera vez en su historia. Fue conocida como la "Segunda Roma" (Nicol, sin fecha).

Constantino murió en el 337 d.C. tras caer enfermo en Persia. Su legado se encuentra en la cristianización del Imperio Romano y en sus reformas que establecieron la libertad religiosa, más que en cualquier tipo de revisión legislativa importante. La inclusión del cristianismo por parte de Constantino entre las religiones de Roma formó una nueva perspectiva cultural en la que los dioses paganos de Roma eran adorados junto al nuevo Dios cristiano. El establecimiento del Credo de Nicea en el año 325 condujo a la creencia en Jesús como un ser divino y todavía se mantiene el respeto a él en la actualidad. Sus reformas condujeron al surgimiento de una nueva Roma como estado cristiano. Desde el punto de vista político, dejó tres hijos que continuaron su dinastía.

Después de Constantino, pocos gobernantes quisieron asumir el reto de gobernar todo el imperio de manera solitaria. Era demasiado vasto y demasiado fácil de atacar por las tribus bárbaras, cada vez más audaces. Tanto el imperio de Oriente como el de Occidente estaban ahora bajo la creciente presión de estos invasores. Según *Bizancio: La Nueva Roma* (sin fecha), Italia fue invadida por los ostrogodos, España fue invadida por los Visigodos, las provincias del norte de África cayeron en manos de los Vándalos y la Galia cayó en manos de los Francos, todo eso en diferentes momentos del siglo IV.

Uno de los últimos gobernantes que intentó unificar el imperio fue Teodosio (379 a 395). Su prohibición de la religión pagana contribuyó a afianzar los ideales del cristianismo en la sociedad romana de la época. Tras su muerte, Teodosio dejó el imperio a sus dos hijos: Honorio en la mitad occidental y Arcadio en la oriental del Imperio Romano.

Debido a su estructura urbana, a su cultura más arraigada y a su posición más fácilmente defendible, el Imperio Romano de Oriente se desenvolvió mejor en los siglos III y IV. Pudieron utilizar sus considerables recursos para ganar tiempo a los invasores y aplacarlos con regalos de tierras inútiles en las fronteras del imperio. Esperaban que, con el tiempo, esos bárbaros se convirtieran en ciudadanos naturalizados, como los propios romanos. Esta táctica pareció funcionar durante un tiempo. Pero algunos gobernantes bárbaros no estaban satisfechos con baratijas de tierra sin sentido. Ellos deseaban a la propia Roma.

La Invasión de los Hunos

Uno de los principales enemigos de los romanos durante este periodo fue un enemigo especialmente peligroso conocido como la tribu Huna. Liderados por un gran caudillo que se hacía llamar Atila el Huno, saquearon gran parte de lo que quedaba del Imperio Romano de Occidente y amenazaron continuamente al Imperio Romano de Oriente. Mientras era emperador, Teodosio había intentado sobornar a los hunos con las mencionadas baratijas inútiles de tierra. Sin embargo, los hunos siguieron pidiendo tributos. Tras la muerte de Teodosio, el nuevo emperador Marciano se negó a pagar el tributo huno. Sin embargo, para entonces, el rey bárbaro había centrado su atención en lo que ocurría en el oeste. En el año 453 d.C., Atila murió y gran parte del Imperio Huno se derrumbó, lo que provocó luchas entre varias facciones de la tribu.

El Declive, la Invasión y la Caída de Roma

Lo que ocurrió en el Siglo V iba a marcar el futuro del mundo durante cientos de años. En el año 476, el Imperio Romano de Occidente dejó de existir, aplastado bajo el peso de incesantes invasiones y saqueos. Debilitada por la agitación económica, las dificultades económicas y la fragmentación de su presencia militar, Roma no pudo seguir adelante. Odoacro, un líder germánico, depuso al último gobernante romano del Imperio occidental, irónicamente titulado Rómulo. Había comenzado con Rómulo y ahora terminaba con Rómulo. El reino de orden de mil años que el imperio occidental había traído al mundo había terminado.

La Vida Después del Imperio

El Imperio Romano de Occidente se dividió entre las tribus bárbaras. En *La Caída del Imperio Romano* (sin fecha) se afirma que oleadas de bárbaros se cebaron con los restos del imperio moribundo. Vándalos, Visigodos, Anglos, Sajones, Galos, Lombardos, Ostrogodos y muchos otros se turnaron para reclamar tierras romanas. Los Anglos y los Sajones se apoderaron de las Islas Británicas, hasta entonces en poder de los romanos y los Galos invadieron la Galia o lo que hoy se conoce como Francia.

CAPÍTULO 2

La Geografía de Roma

El Lugar de Roma en el Mundo

Roma estaba ubicada en medio de varios países. Limitaba por el norte con Suiza y Austria, con Francia y el mar Tirreno al oeste, con el mar Mediterráneo, con Grecia y el Egeo al sureste y con Eslovenia y el Adriático al este. Roma estaba abierta a muchos tipos de comercio en tiempos de paz, pero también era vulnerable en tiempos de guerra debido a su costa expuesta.

Límites y Divisiones de Roma

La antigua Italia estaba dividida en tres partes: norte, centro y sur. Se consideraba que la parte septentrional de Italia iba desde los Alpes hasta el río Macra, en el oeste y el Rubicón, en el este. El sur de Italia completaba el resto de la "bota" de Roma, comprendiendo cuatro países diferentes: Lucania y Brucio al oeste, y al este Apulia y Calabria. La Italia central constituía la parte de la península septentrional que se encontraba entre el Rubicón y la Macra. Comprende los territorios de los samnitas, los etruscos, la Campania y el llamado país sabeliano.

La Geografía de la Ciudad

La Ubicación de Roma

La ciudad de Roma estaba ubicada en el centro de Italia, a orillas del Río Tíber. Rodeada de colinas, la ciudad de Roma era el centro de las comunicaciones, el comercio, la industria y la cultura durante la época del Imperio Romano. Las calzadas romanas facilitaban el acceso a la ciudad y a las zonas circundantes, facilitando así el comercio. Roma estaba ubicada cerca de muchos ríos poco profundos que no eran difíciles de atravesar. Sin embargo, al no estar ubicada en la costa, Roma no tenía una armada tan desarrollada como otras civilizaciones navales más avanzadas, como la griega. La Roma primitiva era vulnerable a los ataques cuando se encontraba en el agua debido a estas debilidades conocidas.

Características Geográficas que Permitieron a Roma Prosperar

El hecho de que Roma se encontrara en el interior del país era también una fortaleza, ya que significaba que Roma no podía ser atacada desde el mar. La presencia del Río Tíber influyó enormemente en el ascenso de Roma. Según *La Geografía de Roma* (sin fecha), el río facilitaba el transporte y disponía de muchas hectáreas de terreno para la agricultura, aunque era propenso a las inundaciones y también era bastante pantanoso. Esto permitió que el sector agrícola de Roma floreciera en sus primeros años. Los Alpes y los Apeninos ofrecían cierta protección al imperio y tenían un valor estratégico cuando los enemigos intentaban atacar la ciudad.

La ubicación central de Roma permitía que se desarrollaran iniciativas comerciales estratégicas con los griegos y los fenicios. El comercio con estas naciones contribuyó a mantener a Roma a flote durante sus años de formación y también mucho después. Roma observaba lo que hacían las naciones de su entorno y las copiaba. De los fenicios aprendieron a construir barcos y a gestionar su armada con mayor eficacia. La fuerza de Roma residía en su capacidad para adaptar y modificar las tecnologías de los países de su entorno y mejorarlas. Como los romanos necesitaban cada vez más el contacto con el mar, construyeron un puerto en Ostia. Durante el día, no se permitía la entrada de vehículos con ruedas en la ciudad de Roma debido a la gran presencia de peatones en ella, pero al anochecer, las carretas entraban a raudales desde Ostia transportando mercancías y recursos preciosos.

El Papel del Medio Ambiente en el Desarrollo Temprano de Roma

En sus primeros años, Roma era principalmente una comunidad agrícola y pesquera. Esto se debía a su distancia al río y al hecho de que grandes cantidades de tierras de cultivo rodeaban la ciudad en las propias siete colinas. Esta proximidad a importantes recursos naturales le permitió a la ciudad de Roma desarrollarse rápidamente. Era la base perfecta para iniciar posteriormente las conquistas imperialistas. Una vez que Roma se estableció en la península, tenía todos los recursos que necesitaba y estaba en la posición perfecta para capitalizar estos recursos. Al ser una comunidad agrícola, el pastoreo se presentaba fácilmente disponible en las colinas. El pescado en los ríos permitía que la gente se alimentara. Por último, las colinas que rodeaban la ciudad ofrecían una protección natural contra cualquier enemigo que quisiera atacar Roma.

El clima de Roma era perfectamente adecuado para la agricultura, ya que era suave y templado. Roma tenía veranos calurosos e inviernos moderados, por lo que el riesgo de heladas en los cultivos era menor. No experimentaban severos patrones climáticos como otras naciones. El suelo de la región del valle del Río Tíber era llano, pero también fértil, lo que permitía distribuir y criar fácilmente los cultivos y el ganado. Las llanuras que eran especialmente beneficiosas se encontraban en el valle del río Po y en Campania, según *Geografía de la Antigua Roma e Italia* (sin fecha). El aumento de la población también significaba que Roma disponía de mano de obra con la que empezar a construir su ciudad. Algunos de estos trabajadores eran esclavos de la población local y de las zonas circundantes. En el centro de Italia se producían raras nevadas, pero no se sabe si los romanos sufrieron alguna dificultad importante por eso. En su mayor parte, el clima romano era estable e ideal para una economía agrícola.

Las Montañas de Roma

Roma fue construida sobre siete colinas. Los

nombres de estas colinas eran: Aventino, Palatino, Celio, Esquilino, Quirinal, Viminal y Capitolio. También cabe destacar que la propia Italia era un 80% montañosa, según *Geografía de la Antigua Roma e Italia* (sin fecha). Había una cantidad extraordinariamente variada de terreno montañoso y accidentado en Roma, lo cual ofrecía una ventaja táctica defensiva, así como piedra para la mampostería que se utilizó en la construcción de edificios durante muchos cientos de años.

Algunas de las montañas que bordean Roma son los Apeninos, los Alpes, el Cervino, el Monte Blanco, los Dolomitas y muchas otras. Roma también albergó dos de los volcanes más conocidos y feroces del mundo: El Vesubio y el Etna. El Vesubio es, por supuesto, tristemente célebre por ser el volcán que sepultó una ciudad entera, concretamente Pompeya y sigue siendo muy feroz a día de hoy. Los romanos destacaron por utilizar la roca volcánica más blanda en sus edificios y construcciones. En este sentido, es importante saber exactamente qué hacían los romanos con el material volcánico que recogían. El concreto fue uno de los grandes secretos del Imperio Romano y a día de hoy, se sigue considerando uno de los grandes avances del mundo antiguo. Los romanos mezclaban cenizas volcánicas y fragmentos de cal para unir fragmentos de roca y formar una especie de material auto curativo. El concreto romano era capaz de repararse a sí mismo, hasta cierto punto, mediante el proceso de cristalización. Esta sustancia recibía el impacto del agua salada del océano, que cambiaba la estructura mediante una reacción química, haciéndola impenetrable para la mayoría de los dispositivos antiguos que podían atacarla. Es una maravilla de la ingeniería antigua. Los científicos siguen estudiando qué es lo que hizo que el concreto romano fuera una herramienta tan asombrosa en aquellos días. Aparte de esto, fue la proximidad de estas bestias volcánicas lo que permitió a Roma aprovechar sus materiales. Roma era extremadamente hábil para sacar el máximo provecho del entorno en el que se encontraba.

La Ventaja Estratégica de la Topografía

La fuerza defensiva de Roma residía en que no podía ser atacada fácilmente debido al terreno accidentado y montañoso que se extendía a su alrededor. Como ejemplo, tenemos la batalla de Aníbal. En el año 219 a.C., Aníbal de Cartago intentó derrocar al aliado romano de Sagunto, lo que provocó una previsible respuesta agresiva por parte de los romanos.

Estos conflictos iniciaron lo que se conoce como la Segunda Guerra Púnica. Aníbal dirigió un enorme ejército a través del terreno rocoso y hacia el centro de Italia. Luchando contra el astuto y peligroso general romano Publio Cornelio Escipión, Aníbal no encontró fácil la travesía de las montañas y perdió muchas de sus tropas por el clima y la dureza del terreno. Aníbal acabó imponiéndose a Escipión, pero posteriormente fue derrotado; el reto de superar al ejército romano en su propia guarida era demasiado grande. Esto ejemplifica el hecho de que cruzar las montañas con un ejército de cualquier tamaño era una gran compañía incluso para el más hábil de los comandantes. El terreno montañoso al que se enfrentaba Roma la salvó en numerosas ocasiones en la batalla. Durante sus primeros años, probablemente la salvó de ser abrumada por las tribus más grandes y poderosas que la rodeaban, como los Samnitas, los Etruscos y los Griegos.

Vías Romanas

La geografía de la antigua Roma le permitía desarrollar el comercio más eficazmente con las naciones de su entorno. A medida que Roma se volvía más sofisticada, se desarrollaron las vías y carreteras. El objetivo de estas vías era facilitar el movimiento diario de entrada y salida de la ciudad. Las tropas podían maniobrar con mayor rapidez en caso de apuro, los alimentos podían trasladarse fácilmente y la propia gente podía moverse con mayor eficacia por la ciudad. La posición central de Roma significaba que sus carreteras podían conectarse con los puertos y otras ciudades de forma más eficiente. Roma se adelantó en este aspecto. Gracias al desarrollo de estas vías, el imperio pudo expandirse y desarrollarse a un ritmo más acelerado. Los hombres y los materiales podían ser transportados con mayor facilidad, así como las zonas más alejadas del imperio podían ser patrulladas y equipadas con mayor regularidad. Roma se fortaleció cultural y económicamente gracias a la mejora de los sistemas de comunicación entre las provincias. Un viaje a caballo podía tardar varias semanas en atravesar un terreno accidentado. Con la ayuda de una carretera, se convirtió en un proceso mucho más rápido.

Tipos de Vías

Las vías o calzadas romanas se dividían en tres categorías específicas. Se trataba de la *vía pública (via munita), la via rural (via vicinalis) y la vía privada (via privata)*. Las vías públicas, como su nombre indica. Se utilizaban para el tráfico rodado, montado y peatonal y podían ser vías públicas, pero también podían ser callejones sin salida (diverticulum) ("Vía Pública", 2019). El otro término utilizado era el de *via munita*, pero con el tiempo llegó a significar lo mismo. Las *via vicinalis* eran caminos diseñados para uso general dentro de las provincias y que a veces atravesaban terrenos privados. Las *via privata* eran pequeñas vías construidas sin la ayuda del gobierno que atravesaban la propiedad de un particular y también se conocían como caminos rurales. El público podía acceder a estas vías si lo necesitaba. La *Via Militaris* era una vía específica utilizada por las unidades y tropas militares que atravesaba la frontera norte del imperio a lo largo del Danubio. Era de vital importancia debido a la necesidad de canalizar las tropas a esta zona lejana rápidamente si la situación lo requería. Una carretera en esta parte del imperio hacía mucho más eficiente el proceso de transporte de tropas, suministros y equipos.

Las calzadas romanas tenían nombres específicos si se utilizaban para un fin determinado o tenían un significado cultural e histórico. Una de las vías más famosas de toda Roma era la *Via Appia o Vía Apia*, como se conoce en español. Fue una de las primeras calzadas romanas que se construyeron en torno al año 312 a.C. y su longitud era de unos 560 km. Esta vía condujo al desarrollo de otras y en el apogeo del imperio se habían desarrollado casi 80.000 km de carreteras. Según *El Imperio Romano, c125* EC (sin fecha), los romanos también construyeron la primera autovía del mundo, llamada *Via Portuensis*. Conectaba el puerto romano de Ostia con la propia ciudad y facilitaba el transporte de materiales preciosos, cargas y suministros. En el centro de la propia Roma había un monumento conocido como el *milliareum aureum* o el "hito de oro". Se decía que era el punto central del que partían todas las calzadas romanas. Cuando el Imperio Romano de Occidente se derrumbó, el sistema y la red de carreteras se derrumbaron con él. La red de carreteras y los sistemas de transporte romanos son un indicador de cómo enfocaban la vida. Sus formas de construcción eran una muestra más de la manera en que se organizaba el imperio, lo que a su vez condujo a su éxito a través de los tiempos.

Gestión de las Vías

Las calzadas romanas se organizaban para ser eficientes. La velocidad de los viajes se mejoraba colocando establos cada 15 km aproximadamente a lo largo de las rutas con caballos frescos en caso de que los viajeros los necesitaran. A lo largo de estas rutas existían puestos de avituallamiento para los viajeros cansados y los que viajaban con sus familias. Se calculaba que un viajero promedio podía recorrer unos 40 km en un día, por lo que los avituallamientos se instalaban a esos intervalos. Sin embargo, esta no era una regla rígida. Muchos viajeros y servicios de mensajería podían recorrer distancias mayores si lo necesitaban. Mucha gente prefería recorrer distancias más largas en barco, ya que eran menos incómodas, aunque también eran más costosas. En general, las calzadas eran una parte importante de la geografía de Roma porque mostraban cómo los romanos superaban el terreno y los obstáculos a los que se enfrentaban, convirtiendo el terreno en una ventaja mientras expandían el imperio.

CAPÍTULO 3

Las Principales Figuras de la Historia Romana

Figuras Políticas

Emperadores

Lo primero en lo que la gente piensa cuando escucha el término "Antigua Roma" es precisamente en sus líderes, tanto buenos como malos, que condujeron esta gran nación. Después de que se convirtiera en una dictadura monárquica, dejando atrás las ideas de Estado y Senado, estos hombres determinaron el destino de Roma. Cabe destacar que cada gobernante del Imperio Romano tenía algo que era único para ese gobernante en particular.

El más grande de estos líderes fue el poderoso Julio César. Era un militar de renombre, un orador carismático y un gran líder de hombres.

Nacido en el año 100 a.C., ascendió al poder y a los rangos como general romano. Asumió la gobernación de Hispania en el 61 a.C. Tras su pacto con Pompeyo y Craso en el 59 a.C., Julio César asumió el cargo de cónsul de Roma. Sus siguientes ocho años los dedicó a la conquista de la Galia y acabó asumiendo el papel de autoridad absoluta en la jerarquía romana. Julio César fue también uno de los personajes más complejos y que fue más analizado a lo largo de la historia. Su inteligencia y astucia le ayudaron a ganar ventaja en situaciones tácticas y militares. Era un experto estratega y era capaz de salir de situaciones aparentemente desventajosas utilizando sus increíbles poderes de negociación. Un ejemplo de eso es cuando se encontró capturado por piratas durante sus viajes por el océano. Según *Julio César* (2019), convenció a sus captores para que pidieran su propio rescate y luego organizó una fuerza naval para atacarlos y matarlos.

El estatus de Julio César se elevó aún más cuando atacó y derrotó a Mitrídates IV del Ponto, que había sitiado varias ciudades romanas. Poco después de estas conquistas militares, arregló astutamente un acuerdo con otros dos poderosos aliados romanos que le permitió mantener un punto de apoyo en el poder, donde permaneció hasta que pudo asumir finalmente el control total de Roma.

El reinado de César llegó a un final prematuro en el año 44 a.C. Su error fue confiar su vida a otros. Permitió que entraran en su círculo las personas equivocadas: Bruto y Casio. Aunque César podía saber que su vida corría peligro, fue incapaz de determinar quién quería matarlo. Fue traicionado por aquellos en los que confiaba y esta confianza fue, al final, un defecto de carácter fatal.

El asesinato de César durante los idus de marzo se considera uno de los acontecimientos más importantes de la historia de la Antigua Roma. Cimentó lo que ya era una firme transición a la nueva era de los emperadores y marcó un nuevo alejamiento de la idea de una república.

Además, un gran emperador romano (y algunos podrían decir que el más grande) fue el hombre conocido como Octavio o también conocido como César Augusto. Augusto fue el término que le dio el Senado como forma de honrarlo. Durante su tiempo en el poder, Augusto trató al Senado con justicia y se aseguró de no promocionarse nunca, como había hecho Julio César. Se intuye que fue una decisión acertada, ya que pareció convertirlo en una figura popular.

En el artículo *"8 cosas que quizá no sepas sobre Augusto"* (2018), nos enteramos de que nació en el año 63 a.C., más o menos cuando su padre adoptivo, Julio César, se preparaba para hacerse con el control total de Roma. Se le considera el primer emperador de Roma.

Augusto vivía en un lugar más modesto que otros emperadores romanos. Se negaba a llamarse a sí mismo monarca, parecía más razonable y humilde que muchos otros gobernantes romanos. Sin embargo, su poder era mayor que el de cualquier otro gobernante anterior.

Augusto, quien era un notable estratega, fue capaz de ampliar enormemente las fronteras de Roma. Siendo un adolescente, fue a la guerra contra Marco Antonio y lo derrotó y más tarde expandió la influencia romana hacia el norte en Germania, al otro lado del Rin y también hacia el sur en Egipto y el norte de África. Sin embargo, Augusto sufrió algunas derrotas importantes. En el año 9 d.C., tres divisiones de legiones romanas fueron destruidas al ser atacadas por tribus bárbaras al otro lado del Rin. Augusto estaba tan destrozado que se golpeó la cabeza contra la pared y gritó "devuélvanme mis legiones", una frase ahora famosa citada en muchas obras de literatura.

Otro gran e interesante emperador romano fue Antonino Pío (86 a 161 d.C.). Fue único en su forma de gobernar Roma porque no abandonó el país ni una sola vez. Promovió las artes, la música, los libros, la cultura, los museos, la ciencia y la gloria de Roma, y tampoco hay constancia de ningún signo de campaña militar o guerra durante su reinado. Esto también le convirtió en uno de los únicos emperadores romanos que no entró en conflicto con las naciones circundantes. Antonino Pío recompensaba a los que practicaban las artes y honraba a los que enseñaban retórica y filosofía. También participó en la construcción de varios templos, mausoleos, estatuas y teatros. En la época romana, los teatros eran algo diferente a como los conocemos hoy en día. Eran grandes estructuras de piedra abiertas en las que los asientos estaban dispuestos en círculo y la representación tenía lugar en el centro del anillo.

Adriano fue otro de los personajes más interesante dentro de la dinastía romana. Fascinado por la cultura griega, intentó trasladar algunas de sus ideas al mundo romano. Aunque su predecesor Trajano nunca le otorgó técnicamente la condición de “heredero al trono”, su esposa lo declaró emperador de Roma poco antes de la muerte de

Trajano. El gobierno de Adriano se caracterizó por la construcción de la muralla, una fortificación defensiva en las fronteras del norte del imperio. Está marcada como el punto más al norte que Roma logró expandir. Estas fortificaciones siguen existiendo hoy en día y se consideran uno de los hitos que señalaban dónde se encontraban las fronteras del Imperio Romano. Adriano también reconstruyó el Panteón y construyó el templo de Venus y Roma. En general, destaca por su carácter más humilde, como demuestran los informes de que solía acampar con los soldados al anochecer en lugar de descansar en su lujoso palacio.

Marco Aurelio podría ser una de las figuras más trágicas de la línea de emperadores romanos. Su gobierno fue difícil, ya que entró en un periodo de inestabilidad y disturbios civiles. Luchó contra los Partos en el este, derrotó a los Marcomanos, a los Quadios y a los Sármatas en las guerras marcomanas y, en general, hizo todo lo posible por evitar la guerra civil durante el mayor tiempo posible. Marco Aurelio era un hombre serio, aficionado a la filosofía y a la búsqueda de la sabiduría antigua. Lo que era único en él podría decirse que era su deseo de escribir. Su libro "Meditaciones" se sigue publicando y leyendo hoy en día. Fue escrito mientras estaba en campaña entre 170-180 d.C.

y describe la naturaleza del servicio a Roma, el deber y el mantenimiento de la dignidad incluso en medio de las dificultades y la agitación. Tras su muerte, se mantuvo su apodo como "El Filósofo".

El siguiente personaje interesante, el emperador Trajano, presidió lo que fue el apogeo del dominio mundial romano. Bajo su mandato, Roma alcanzó su máximo esplendor. Su reputación como gobernador de Roma aún perdura hasta nuestros días. Las reformas, acciones y palabras de Trajano fueron respetadas por los opositores, el Senado, el pueblo y el ejército. Fue uno de los gobernantes más populares de la historia de Roma, y con merecida razón. Su gobierno fue filantrópico y trató de crear un sistema pacífico de expansión imperialista en lugar de conquistar mediante una guerra total. Tras la muerte de Trajano, Roma no volvió a alcanzar el dominio que tuvo en su día. Su reinado fue el apogeo del dominio mundial de Roma.

Otros emperadores fueron interesantes, pero no por su popularidad o fama. Obtuvieron su reputación de violencia y anarquía por su incapacidad para pensar y gobernar. Uno de estos terribles gobernantes fue el villano Cómodo, que gobernó después de Marco

Aurelio hasta que fue asesinado en el año 193 d.C . Su ansia de poder y popularidad era insaciable. Cómodo no pudo seguir los pasos de su sabio padre. En cambio, destruyó su legado en unos años sangrientos en el trono que dejaron a Roma tambaleándose. Sus decisiones llevaron a la destrucción de la moneda romana y al debilitamiento del imperio que tanto había costado construir a otros antes que él. Un escritor romano llamado Dion Casio, escribió que Cómodo hizo que Roma pasara de ser un reino de oro a uno de óxido. Gran parte del trabajo administrativo de la gestión del imperio se dejó en manos de sirvientes y co-gobernantes. Cómodo prefería pasar su tiempo observando y organizando los juegos romanos, donde cazaba y mataba animales por deporte. También luchaba en la propia arena, aunque los hombres contra los que luchaba solían ser minusválidos, lo que hacía inevitable su victoria. Finalmente, sus colegas se cansaron de su gobierno y fue asesinado mientras tomaba un baño en el año 193 d.C.

Escritores Famosos

Los escritores romanos eran una multitud diversa e interesante. A lo largo de cientos de años, sus obras siguen siendo relevantes incluso en la actualidad. Los escritores romanos cubrieron una amplia gama de temas, incluyendo sus propias versiones de la historia del imperio, la política, la religión, la filosofía, la ciencia, el mundo natural, la cultura y la poesía, así como muchos otros temas. Los poetas romanos pertenecen a una agrupación especial, ya que su forma de literatura es única y fascinante. La poesía romana incorpora la mitología y la sabiduría popular de la época. A medida que las épocas y las estaciones cambiaban, el enfoque de la obra de estos escritores también se modificaba. La temática nos indica qué era lo que influía en esos periodos.

Algunos de los Escritores Romanos del Siglo I

Valerio Máximo fue un escritor que vivió en la época del emperador Tiberio. Su obra trataba de hechos famosos, batallas y logros de Roma. Su obra parecía centrarse principalmente en las realidades de Roma más que en las construcciones de ficción.

Aelius Saturninus fue otro escritor romano que vivió en el siglo I y que destacó por haber escrito algunos documentos escabrosos sobre el emperador Tiberio. Su castigo fue ser arrojado desde la Roca Tarpeya.

Escribonio Largo fue un escritor médico que vivió bajo el reinado del emperador Claudio. Sus obras son interesantes sobre todo porque ponen de manifiesto el enfoque romano de la ciencia médica en este primer momento de la historia. Su obra *De Compositione Medicamentorum Liber* es una larga lista de composiciones médicas que tratan de recetas médicas, hierbas y remedios.

Lucio Junio Moderado Columela fue un antiguo soldado convertido en agricultor. Sus obras tratan de la agricultura, las plantas y los diferentes tipos de árboles que eran comunes en la región y en otros lugares del imperio. Escribió sobre eso en *De Re Rustica* y *De Arborius*.

Publio Cornelio Tácito es considerado por muchos como uno de los más grandes, si no el más grande, de los escritores e historiadores romanos. Nacido en el año 56 d.C., se convirtió en un notable orador y conferenciante romano. Pero fue su obra escrita la que causó mayor revuelo. Entre las obras de Publio Cornelio Tácito, la *Germania, la Historiae* y los *Anales* están considerados como algunos de los mejores ejemplares de la literatura de la Antigua Roma, que tratan una amplia gama de temas, desde la política romana hasta los temas populares de la época. Sin embargo, es su obra escrita sobre

Jesucristo la que aun estos días sigue siendo su escrito más valioso. Aunque gran parte de lo escrito se perdió, se conservan algunos fragmentos. Dentro del texto *Anales* hay una referencia específica a Cristo y sus seguidores ("Tácito sobre Cristo", sin fecha). Tácito habla de un hombre llamado *Christus* que fue ejecutado bajo las órdenes de Poncio Pilato. Sus enseñanzas, sin embargo, siguieron causando división y malestar en la capital romana.

Allí se destaca el hecho de que hubo un hombre llamado Christus o Cristo y que sus seguidores fueron perseguidos durante la época del emperador Nerón, que los culpó del Gran Incendio del año 64. Los textos extra bíblicos como éste son increíblemente valiosos para los eruditos cristianos, los que estudian las escrituras y los arqueólogos bíblicos.

Las obras de Tácito también destacan por sus comentarios sobre la sociedad romana de la época. Sus historias abarcan los tiempos de Nerva, Trajano, Nerón, Tiberio y Calígula. Sin embargo, gran parte de su obra se ha perdido en la noche de los tiempos.

Plinio Mayor, conocido como Cayo Plinio Segundo, o más popularmente por el nombre de Plinio el Viejo, fue un escritor, filósofo y comandante de la flota romana. Su obra más famosa es la *Naturalis Historia*, una obra que trata todo tipo de temas relacionados con la historia natural, como la minería, la astronomía, la botánica, la agricultura y el arte.

Algunos Escritores Romanos del Siglo II

Quintus Septimus Florens Tertullianus, más conocido por su nombre común Tertuliano, fue un conocido escritor cristiano romano del siglo II. Sus obras de teología siguen siendo populares hoy en día. Fue su obra *Apologeticus* la que dio lugar a la moderna disciplina cristiana de la Apologética, o la defensa de la fe cristiana defendiendo sus valores y preceptos.

Vibia Perpetua fue una escritora y noble cartaginesa que fue capturada y encarcelada en Cartago durante el reinado de Severo, alrededor del año 200. Era cristiana y a la vez esclava, llevaba un diario de sus experiencias que fue llamado *Passio Sanctarum Perpetuae et Felicitatis*, o La Pasión de los Santos. Fue martirizada en el cumpleaños del emperador en el año 203.

Plinio el Joven fue otro respetado autor romano del siglo II, hijo adoptivo de Plinio el Viejo. Fue un abogado y administrador que vivió en Roma, que escribió una serie de cartas a amigos y colegas que más tarde se harían notables. A medida que ascendía en la sociedad romana hasta llegar a ser cónsul, Plinio el Joven se familiarizó con la política romana y con la vida cotidiana. Sus puntos de vista sobre la vida en las altas esferas de la sociedad romana se han convertido en algo fundamental para comprender las razones por las que los romanos pensaban y actuaban como lo hacían durante este periodo. La relación de Plinio el Joven con el emperador Trajano y también con el propio Tácito fue importante porque le permitió conocer el funcionamiento tanto del hombre común como de los que estaban en la cima de la jerarquía. Algunas de sus cartas detallan la erupción del monte Vesubio, otras se dirigen a Trajano pidiéndole consejo sobre qué hacer con las políticas relacionadas con el cristianismo, un nuevo sistema de creencias en auge en aquella época. Sus cartas se conocen también como *Epistulae* en latín.

Una de las mayores mentes romanas del siglo II fue un hombre llamado Marco Tulio Cicerón, o simplemente Cicerón. De acuerdo a *Cicerón (106-43 a.C.)* (s.d.), fue un orador y conferencista de gran talento, y quizá una de las figuras más influyentes del siglo I después del propio Julio César. La muerte de Cicerón coincidió con la caída de la república romana y le tocó presenciar su transición a la era de los emperadores. Sus escritos siempre valoraron los asuntos políticos por encima de los filosóficos, dada su condición de abogado y orador, no es de extrañar. Aunque se puede decir mucho sobre la vida, el pensamiento, los escritos, las ideas y las actividades de Cicerón, lo más significativo de su vida fue su influencia en futuros filósofos como Agustín.

Algunos Escritores Romanos del Siglo III

Lo más probable es que se mencione a Apicio al referirse a la cocina de la Antigua Roma, ya que sus obras tratan de recetas y platillos de la época. No se sabe con certeza cuándo nació, pero es más conocido por su obra *De Re Coquinaria*. Sin embargo, existe confusión sobre la propiedad exacta de esta obra. Se atribuye a Apicio por el encabezamiento de uno de los dos manuscritos restantes, que dice API CAE. Según la "Lista de autores romanos" (sin fecha), algunas de las recetas pueden atribuirse a Apicio, pero no fueron escritas exactamente por él. Es posible que haya habido varias personas con este nombre y por ello nadie está seguro de los orígenes del libro. Se sabe, sin embargo, que muchas personalidades romanas gustaban de poner sus nombres a recetas específicas como una marca de honor.

Poncio de Cartago, también conocido como Poncio el Diácono, era un diácono al servicio de San Cipriano (Cyprianus). Después de que Cipriano fuera arrestado y martirizado, Poncio escribió *Vita Cypriani*, una obra sobre la vida y los tiempos de Cipriano.

Novaciano fue una figura religiosa y escritor durante el gobierno del emperador Elagabalus (Heliogabalus). Fue una figura controvertida en la Iglesia católica porque era un antipapa (alguien que intenta usurpar al Papa a pesar de que el cargo ya está ocupado). Escribió extensamente sobre las restricciones dentro del Antiguo Testamento bíblico, los juegos públicos y la importancia de mantenerse casto y puro.

Algunos Escritores Romanos del Siglo IV

En los años posteriores a Constantino el Grande, muchos escritores romanos se convirtieron al cristianismo, lo que es evidente a través de muchos de los textos filosóficos de la época.

Eusebio Sofronio Jerónimo, también conocido como Jerónimo o San Jerónimo, fue secretario o asistente del Papa Dámaso I. Destaca por su trabajo de traducción de las escrituras hebreas al latín. Esto se conoce como la traducción de la Vulgata y se mantiene como canónica por la Iglesia Católica hasta el día de hoy. Escribió notas sobre los evangelios bíblicos, comentarios, cartas y una obra con información sobre otros 135 autores cristianos llamada *De viris illustribus*.

Augustinus, también conocido como San Agustín de Hipona, fue un filósofo y pensador de la última época del imperio. Fue un escritor, teólogo y obispo cristiano de la actual Argelia. Su influencia se sigue sintiendo hasta hoy, y su gracia, humildad y sabiduría siguen inspirando a muchos.

Aurelius Prudentius Clemens fue un poeta, jurista, escritor y gobernador del norte de España. Su obra *Psychomachia* es un comentario sobre la lucha espiritual que a veces experimentan los cristianos en su vida cotidiana, pero también escribió numerosos himnos y canciones.

Poetas, Artistas y Músicos

Poetas Romanos Famosos

Virgilio, Ovidio y Horacio son los nombres que suelen venir a la mente cuando se piensa en los poetas romanos más notables. Pero a lo largo de la historia del imperio, encontramos que la cultura de la apreciación de la poesía fue floreciente en la sociedad romana desde su inicio hasta su fin. Muchos nombres menores son cada vez más apreciados en la actualidad a medida que la gente se sumerge en las profundidades de la prosa y el verso de la Antigua Roma.

Uno de los poetas más famosos, por supuesto, es Virgilio, que escribió *La Eneida*, un poema sobre un héroe troyano llamado Eneas. También es un comentario sobre la historia y la realidad de Roma hasta el momento en que fue compuesta.

Horacio fue otro legendario poeta romano que escribió las *Odas, Sátiras* y *Epístolas*. Su estilo poético puede describirse como poesía lírica.

La obra más famosa de Ovidio es la *Metamorfosis*, que narra la historia ficticia de Julio César y su ascenso a la divinidad. Ovidio también es conocido por escribir numerosos poemas de amor.

Los poetas romanos a veces ponían música a sus palabras y creaban composiciones y canciones. A menudo, creaban notaciones sencillas que otros músicos podían utilizar para tocar junto con las palabras de sus poemas y canciones.

Música Romana

La música está tan arraigada en la historia y la cultura romanas como en nuestra propia cultura e historia actuales. La música romana se representa en la literatura, el arte y los mosaicos con instrumentos de viento, flautas de pan, pequeños instrumentos de cuerda, instrumentos de caña y arpas, entre otros. Los romanos también utilizaban la percusión y los metales. Los arqueólogos han encontrado en las ruinas de Pompeya, restos de trompetas de concha, flautas de hueso y cuernos de bronce ("La música en la antigua Roma", sin fecha). Poco se sabe del sistema de notación musical romano en sí. Pero, ¿quiénes eran los exponentes más eficaces de estos instrumentos musicales?

La música era popular entre los propios emperadores. El emperador romano Tito (81-79 d.C.) estaba muy interesado en la música, según el escritor romano Suetonio ("*La Música en la Antigua Roma*", sin fecha). donde dice que Tito tocaba el arpa con habilidad y solía divertir a sus secretarios con su rápido trabajo de dedos con la escritura taquigráfica.

A Adriano también le fascinaba la música y era

muy hábil particularmente con la flauta. También era bueno cantando, según *La Música en la Antigua Roma* (sin fecha).

Se dice que Nerón, el gran y malvado emperador del siglo II, tocaba la lira mientras Roma ardía en el Gran Incendio del año 64. Aunque esto puede ser o no del todo exacto, parece que tenía un claro interés por la música.

En cuanto a los músicos célebres de Roma, no hay mucho material de la época que sugiera que ciertas personas eran especialmente conocidas por sus actuaciones. Sin embargo, hay pruebas de que las obras de teatro y los dramas incorporaban música. Un ejemplo es el famoso dramaturgo Terencio. Nacido en el norte de África, fue llevado como esclavo a Roma por Terencio Lucano. Sus obras escénicas destacan por ser modelos de "latín puro", según *Terencio* (sin fecha). Esto demuestra que Roma se caracteriza por tener músicos, poetas y oradores de talento de todas las razas y credos. Su diversidad es sorprendente. Cualquiera podía llegar a ser un dramaturgo o un poeta famoso en la antigua Roma si tenía la habilidad y los conocimientos necesarios para ello.

Personajes Militares Famosos

Sería negligente analizar una lista de los

personajes romanos de la historia sin nombrar a los líderes militares y a los jugadores del ejército romano. El ejército romano es el tema central de cualquier debate sobre la antigua Roma. Sus líderes en la época del imperio fueron algunos de los más notables de la historia, y a algunos se les ha dado un estatus de dioses.

Ya se ha hablado mucho de Julio César, pero no se puede subestimar su destreza como líder militar. Su conquista de la Galia no fue una hazaña fácil. Sin embargo, no fue el único líder militar.

Uno de los más grandes (y subestimados) generales de Roma fue un hombre llamado Nerón Claudio Druso, que mostró una brillante promesa al principio de su carrera. Fue el único general romano que consiguió hacer retroceder a las tribus germánicas que vivían más allá del Rin. Tras ser elegido cónsul, cabalgó de nuevo para combatir a las tribus germánicas en el Rin, pero sufrió una terrible caída de su caballo y nunca se recuperó. Su pérdida fue un duro golpe para Roma.

Agrícola fue otro de los generales más poderosos que Roma conoció. Se le reconoce sobre todo por ser el general romano que conquistó las islas británicas o Britania, como se las conocía en aquella época. Enviado por el emperador Vespasiano, sometió a Britania, condujo su ejército hasta el norte de Escocia, construyó 1300 km de carreteras y levantó hasta 60 fuertes en gran parte del país. El dominio romano sobre Gran Bretaña le permitió establecer en ella una cultura romana que perduraría durante muchos cientos de años y que aún perdura en la actualidad. Agrícola también hizo incursiones por la costa británica bajo instrucciones para averiguar si Gran Bretaña formaba parte del continente o si era en realidad una isla. En muchos sentidos, la batalla por Gran Bretaña fue un paso importante en el desarrollo del Imperio Romano, ya que estableció su superioridad no solo como fuerza militar en tierra, sino también en el agua. Agrícola fue una parte importante de esta evolución.

Escipión el Africano fue un general romano muy conocido por sus acciones en el norte de África y en la batalla de Zama. Su habilidad táctica era bien conocida en todo el imperio durante una época crítica de la historia romana. Nacido en el 236 a.C., Escipión ascendió rápidamente en el ejército romano. Durante la Segunda Guerra Púnica contra el legendario general Aníbal Barca, demostró su capacidad de supervivencia durante los fracasos romanos en Cannas y las batallas de Trebia y Ticino. En el 211 a.C., el tío y el padre de Escipión murieron durante la batalla, entonces él se convirtió en el nuevo líder del ejército romano. En los años siguientes, Escipión consiguió capturar Cartago Nova en Hispania. Ésta se convirtió en su nueva base de operaciones. Escipión destaca por ser un hombre humilde, devolviendo una esclava capturada al jefe de su tribu. El jefe de la tribu estaba tan agradecido que se ofreció a prestarle a Escipión algunas tropas. Escipión utilizó entonces su ejército reforzado para luchar y derrotar a Hasdrúbal, destruyendo la caballería cartaginesa en el proceso. En el 205 a.C., Escipión fue nombrado cónsul de Roma. Fue entonces cuando libró una de las batallas más famosas de la historia militar romana: la batalla de Zama.

En el año 202 a.C., tanto Roma como Cartago se disputaban el control de la península romana y el territorio que Roma había ganado en el norte de África y Europa. Tras las victorias en la península ibérica, Escipión llegó a la antigua ciudad de Zama (también conocida como Xama) en Túnez. El propio Aníbal estaba allí con unos 6.0000 oldados y 6.000 de caballería. Escipión contaba con unos 3.4000 soldados y unos 9.000 de caballería. Escipión contaba con el apoyo del líder númida Masinisa, que tenía un tipo específico de caballería entrenada para contrarrestar a los temibles elefantes de guerra cartagineses (habían sido entrenados para acostumbrarse al olor y, por tanto, no entraban en pánico durante el fragor de la batalla). Mientras Aníbal instruía a sus tropas pesadas para que tratasen de abrir agujeros en las líneas romanas, Escipión creaba huecos por los que se colaba la oposición y luego utilizaba estas áreas como zonas de muerte, creando caos y confusión haciendo que las tropas romanas tocasen las trompetas. Tras confundir, aterrorizar y desorganizar al enemigo, Escipión desbarató el flanco izquierdo del ejército cartaginés y descompuso su caballería junto con los famosos elefantes de guerra. A continuación, el ejército de Aníbal fue derrotado en una batalla cuerpo a cuerpo con los legionarios romanos más fuertes. Escipión recibió grandes elogios cuando regresó a Roma, no solo por su conquista militar sino también por su moderación al no destruir completamente la ciudad de Cartago. Fue honrado con el título de "Africanus" (Africano) por su papel en las victorias del norte de África.

Cneo Pompeyo Magno fue un general romano más conocido por el nombre de "Pompeyo". Aunque se le conoce por ser una de las principales figuras de los inicios del Imperio

Romano, también fue un respetado general, líder y estratega. Pompeyo impresionó al gobernante romano Sula y luchó en campañas en Sicilia, el norte de África y Numidia. Tras la muerte de Sula en el 78 a.C., Pompeyo fue enviado a Hispania, donde se le encomendó la tarea de doblegar al resuelto rey Sertorio. Tras una prolongada lucha, Sertorio fue finalmente asesinado por uno de sus propios hombres, entonces Pompeyo regresó a Roma para sofocar otro ataque, esta vez dirigido por Espartaco. Tras cumplir con éxito su misión capturando a 5.000 hombres de Espartaco, Pompeyo cayó en desgracia con su otro socio en el futuro triunvirato, Craso, que consideraba que Pompeyo se estaba llevando una parte injusta de la gloria por haber triunfado en la batalla. Sin embargo, los dos hombres formarían una poderosa alianza con Julio César. En el año 70 a.C., Pompeyo fue elegido cónsul de Roma y se unió a Craso. Durante los siguientes 10 años, aproximadamente, gobernaron juntos en Roma hasta que Julio César se unió a la fiesta en torno al 60 a.C. Pompeyo cosechó nuevos éxitos en los años 50, pero el desastre llegó cuando Craso murió en la batalla de Carras. La influencia de Julio César era cada vez más evidente, y en el 49 a.C. estalló la guerra civil entre las dos facciones. A partir de este momento, la leyenda de

Pompeyo parece quedar eclipsada por el reinado más ilustre de César.

Otro notable general romano fue Germánico Julio César. Nacido en el año 15 a.C., se impuso rápidamente como general romano de primera fila y realizó grandes avances en el sometimiento de las tribus bárbaras de Germania, de ahí su nombre "Germánico", que se le dio como marca de honor.

Marco Vipsanio Agripa fue el principal asesor militar del gran César Augusto, u Octavio, como se le conocía a veces. Destacó por las batallas navales contra Sexto Pompeyo y por la construcción de un puerto en Portus Julius. Este puerto unía el Lago Averno y el Lago Lucrino para que los barcos romanos pudieran defenderse adecuadamente en la batalla con Sexto. Fue responsable de las reparaciones de gran parte de Roma tras numerosas y costosas batallas, también se interesó por mejorar la propia ciudad y crear festivales para el disfrute de los ciudadanos de la ciudad. En general, fue un hábil comandante y un obediente servidor de Roma.

Aecio fue uno de los últimos grandes generales del Imperio Romano de Occidente. Nació en el siglo V y fue un joven, audaz y hábil líder militar cuya especialidad era hacer frente a la amenaza de los bárbaros que ahora acosaban las fronteras del Imperio Romano en cada ocasión disponible. Se le encomendó la tarea de repeler la invasión de los hunos en torno al año 451 d.C. Aecio reunió una enorme fuerza romana en la batalla de los campos de Cataláunicos, estableció alianzas con otros jefes bárbaros y consiguió detener la invasión huna del Imperio Romano de Occidente en ese momento. Fue una de las batallas más sangrientas de la historia romana, y el ejército de Atila el Huno quedó destrozado - al igual que los romanos. Sin embargo, Aecio se retiró del servicio militar activo poco después, y los hunos volvieron poco después. Esta vez Aecio no estaba disponible para salvar el imperio.

En el caso de cada uno de estos comandantes militares, se dieron cuenta de su deber para con Roma y cumplieron su vocación con distinción. Por eso se les recuerda a lo largo de la historia como los mejores guerreros de Roma.

Gladiadores

Todos hemos visto imágenes de gladiadores en la arena en la televisión, las películas y los libros. Estos hombres siguen inspirando valor en nosotros a través de sus actos de valentía en la arena.

Los gladiadores y gladiatrices romanos eran hombres y mujeres de todas las clases sociales tomados como esclavos por todo el imperio. Encargados de entretener a las masas, eran las celebridades del mundo de la Antigua Roma. Si sobrevivían, eran tratados como la realeza. Para los que no eran tan afortunados, las lesiones graves eran lo mejor que podían esperar. Muchos fueron mutilados y muchos otros murieron en la arena. A continuación, se exponen algunos de los nombres más conocidos de hombres que se enfrentaron a la arena y consiguieron no solo sobrevivir, sino prosperar.

Carpóforo

Carpóforo era el tipo de gladiador que se enfrenta a animales o bestias salvajes, también conocido como *bestiarii* o bestiario. Los hombres que se encargaban de cuidar a las bestias también eran conocidos como *bestiarii*. A menudo, cuando el hombre y el animal se enfrentaban, solo había un ganador. Las feroces criaturas daban pocas oportunidades a sus cansados, hambrientos y agotados oponentes. Sin embargo, Carpóforo aceptó el reto y se convirtió en una leyenda viviente. El escritor romano Marcial afirma que Carpóforo en una oportunidad mató a 20 animales a la vez y que se enfrentaba regularmente a osos, leones y leopardos (Bestiarius, sin fecha). Según *Los 10 Gladiadores Romanos Más Famosos* (2020), Carpóforo abatió una vez a un rinoceronte con nada más que una lanza. Fue uno de los gladiadores más esperados que pisaron la arena. Al pueblo romano le gustaba apoyar a una clase (o tipo) particular de gladiador. Muchos estaban entrenados para usar armas específicas en función de su habilidad y tipo de cuerpo. A los romanos les gustaba ver a determinados tipos de gladiadores enfrentados entre sí y pagaban grandes sumas de dinero apostando por quién iba a ganar.

Flamma

Flamma era un esclavo de Siria que fue obligado a luchar en la arena. Su verdadero nombre era Marco Calpurnio, pero fue rebautizado como *Flamma* o "llama" para la arena. Era una clase de gladiador conocida como *secutor*, lo que significa que llevaba una armadura, un escudo pesado y una espada corta o gladius en los combates. Ganó 21 combates y perdió unos cuatro. Se le concedió la libertad, pero decidió quedarse a luchar en la arena. Murió a la edad de 30 años en su última batalla. Las muertes en la arena eran comunes, pero a veces se evitaban si era posible. Estos hombres eran celebridades y su muerte enviaría una señal equivocada a los espectadores. El entrenamiento de un gladiador era costoso y la gente pagaba mucho dinero para ver a determinados gladiadores. La pérdida de un gladiador por muerte o lesión habría perjudicado la popularidad de los juegos en la arena.

Gánico

Gánico estaba considerado como uno de los gladiadores más hábiles de su generación. Originario de las Islas Británicas, destacaba por su increíble velocidad, atletismo y agilidad. Era capaz de evadir con mayor facilidad los ataques de sus enemigos, lo que le convertía en un oponente formidable en la arena. Su cuerpo estaba cubierto de tatuajes, uno de los cuales representaba la invencibilidad. Los romanos disfrutaban viendo a los ágiles gladiadores, ya que hacían los juegos más emocionantes. Los hombres como Gánico eran los más destacados.

Spiculus

Spiculus es más conocido por tener vínculos con el malvado emperador Nerón. Fue leal y apoyó a Nerón incluso cuando parecía que todos los demás lo abandonaban en ese momento. Esto impresionó al malvado emperador y le concedió a Spiculus su libertad.

Marco Atilio

Marco Atilio es una adición inusual a esta lista porque podría ser uno de los pocos gladiadores que se inscribieron voluntariamente para luchar en la arena. Era un romano nacido libre, no un esclavo. Era capaz de enfrentarse con regularidad a oponentes mucho más hábiles y experimentados, lo que quedó patente desde el principio de su carrera como gladiador. También superó a otros oponentes bastante difíciles, como Raecius Felix (que había ganado 12 combates seguidos) e Hilarus (otro gladiador favorecido por Nerón). Atilio luchó en la clase de los *murmillos* utilizando una espada corta y un escudo más largo.

Cómodo

Cómodo fue el emperador tirano de la última parte del siglo II, pero también destacó por su destreza enfrentándose a los gladiadores en la arena. Sin embargo, es difícil saber cuán hábil era, ya que a menudo inutilizaba o dejaba lisiados a sus oponentes antes de entrar en la arena con ellos. Los oponentes luchaban con pequeñas espadas de madera mientras que Cómodo tenía las de verdad. También disfrutaba matando animales, lo que hizo que su popularidad disminuyera. Su estilo de lucha se consideraba injusto entre el público romano y a menudo era abucheado. Los romanos tenían un gran sentido de la justicia, y las acciones de Cómodo solo sirvieron para perjudicar aún más su causa.

Tetraites

Tetraites era otro gladiador de la clase de los *murmillos* que ganó notoriedad al vencer a un gladiador famoso, Prudes. Estaba considerado como uno de los gladiadores más fuertes de su generación, y su victoria contra Prudes está inmortalizada en un grafiti descubierto en las ruinas de Pompeya en 1817. Tetraites solía entrar en la arena sin camisa, pero con casco, y llevando una espada corta y un escudo rectangular. Esto se consideraba contrario al tipo, ya que la mayoría de los gladiadores se blindaban al máximo, dependiendo del tipo de lucha que fueran a librar.

Prisco y Vero

Prisco era un gladiador celta muy hábil y poderoso en la arena. Su compañero Vero era también uno de los gladiadores más influyentes de su generación. Ambos solían ser los protagonistas de los juegos, especialmente en la inauguración del Coliseo. Los juegos propiamente dichos consistían en simulacros de batallas navales, luchas de animales y combates de gladiadores. Bajo el gobierno del emperador Tito (hacia el año 81 d.C.), estos espectáculos tenían como objetivo intentar apaciguar a las masas romanas antes de que comenzara el entretenimiento. Prisco y Vero acabaron luchando entre sí, pero era tal el respeto entre ambos que depusieron las armas y no se hirieron ni mataron. Este hecho sigue siendo un acontecimiento espectacular en la historia de los juegos de gladiadores romanos, y así consta. Con el tiempo, se empezó a hablar de los dos hombres como un colectivo y no como individuos. A las multitudes romanas les gustaba ver un espectáculo, así que cuanto más espectacular fuera el combate, más gente acudiría a ver los juegos. Dos hombres luchando en equipo habrían atraído sin duda la atención de las multitudes en lo que normalmente era un deporte de combate individual.

Criso

Criso fue un gladiador de la Galia que destacó por su tamaño y fuerza. Se entrenó junto a Espartaco en la escuela de gladiadores conocida como *Léntulo Batiato*. Un gran número de gladiadores, unos 70 en total, escaparon de la escuela debido al duro entrenamiento de su *lanista* (o entrenador). Formaron un grupo de facciones y, bajo el liderazgo de Espartaco, intentaron derrocar al gobierno romano. Fue asesinado durante la rebelión.

Espartaco

Espartaco fue considerado uno de los mejores gladiadores de todos los tiempos, si no el mejor. Era un tracio convertido en soldado romano, que acabó entrando en la escuela de entrenamiento de Capua. Su mayor legado es haberse rebelado contra Roma en el año 71 a.C. y haber provocado la ira de Craso, que llegó con 5.000 soldados para aplastar la revuelta. Murió en la batalla de Sicilia y sus seguidores fueron ejecutados en gran número.

Lo que hizo a estos hombres tan grandes fue que estaban dispuestos a arriesgar sus vidas para impresionar a la multitud que era el pueblo romano. Su valentía y su heroísmo era lo que más destacaba . No todos los grandes gladiadores romanos sobrevivieron, muchos de ellos fueron heridos de muerte haciendo lo que se sentían llamados a hacer.

CAPÍTULO 4

La Vida de los Romanos

Los romanos vivían de forma muy diferente a como lo hacemos hoy en día, y con muy buena razón. Sus costumbres, sus gustos, su forma de ver el mundo y su situación política, económica, cultural y militar eran muy diferentes a las de hoy. Su forma de vida estaba dictada por la prosperidad económica (o la falta de ella), por la estabilidad del imperio, por quién mandaba en Roma y por muchos otros factores.

Comidas y Cocina Romana

Hábitos Alimenticios de los Romanos

Los romanos comían poco durante el día y hacían una gran comida por la noche. La cena era la comida principal del día y los preparativos comenzaban desde las tres de la tarde. Era tanto un momento de reunión familiar como cualquier otra cosa. Los romanos intentaban hacer tres comidas al día, si era posible. Esto podía cambiar en función de la composición de un día. Si eran más ricos y tenían muchos eventos sociales, podían hacer más comidas. Si eran más pobres y tenían un estatus social más bajo, podían tener suerte de comer. En aras de la coherencia, la mayoría de los romanos tendían a ceñirse a la estructura de tres comidas al día, con tentempiés más ligeros y bebidas entre ellas de ser necesario, muy parecido a como lo hacemos hoy en día. La primera comida se llamaba *ientaculum*. El almuerzo se denominaba *prandium* y la cena, *cena*.

La cena era un acontecimiento que los romanos esperaban cada día, ya que les daba la oportunidad de descansar y relajarse de las duras labores del día. La duración de cada comida dependía del estatus de la misma. Si se trataba de una comida importante, podía durar varias horas, intercalando bailes, discursos, cantos y otras muchas actividades. Las comidas de la gente sencilla duraban solo el tiempo necesario antes de tener que reanudar las actividades importantes.

Los romanos de clase media y alta solían reclinarse en divanes mientras comían en eventos más formales. Esto se consideraba la forma más cómoda de comer, y no existían las mesas altas o eran muy raras. Los romanos solían utilizar una mesa baja alrededor de la cual se recostaban.

Para las comidas menos formales, los romanos comían de pie o sentados en taburetes altos (La Antigua Roma: Alimentos y Bebidas, sin fecha).

Los romanos no utilizaban mucho los cuchillos ni los tenedores para comer. Normalmente utilizaban una cuchara para llevarse la comida a la boca. Los tenedores se utilizaban a veces para clavar la comida en la mesa y los cuchillos para cortar los alimentos en porciones más manejables, tal y como ocurre hoy en día. Los romanos también comían mucho con las manos.

Comidas del Día a Día

Uno de los alimentos más comunes en la antigua Roma era, por supuesto, el pan. Se comía con todas las comidas del día. Las frutas de todo tipo eran típicas. También eran habituales las verduras, las alubias, las legumbres, el queso, la miel y muchos otros tipos de alimentos. En el desayuno, a menudo se comía fruta con pan a primera hora del día. Los dátiles, la miel y los pasteles ligeros de trigo también podían formar parte de esta comida, dependiendo del estatus social del comensal. Ciertos alimentos eran más accesibles si la persona o la familia eran ricas.

El *prandium* tenía lugar hacia las 11 de la mañana. Podía consistir en pescado, verduras, sopa, pan, queso o carne fría. También podían servirse las sobras de la cena del día anterior.

La *cena* se celebraba mucho más tarde en el día, y era en esta comida donde se servían los alimentos más exclusivos y caros. Si la familia tenía invitados, normalmente se les servía la mejor comida. Lo mismo ocurría en el caso de las celebraciones, como las fiestas y los días festivos. La comida principal constaba de tres platos diferentes: *gustatio* o *promulsis*, *prima mensa* y *secunda mensa*. La *gustatio* era un aperitivo que podía consistir en marisco ligero, huevos, pescado, queso, pan y verduras. La *prima mensa* era el plato principal de la comida principal del día. Podía consistir en verduras cocidas, salsas y carnes como el cerdo, el pollo, el cordero, la ternera y la caza silvestre, entre otras. Los romanos más ricos comían manjares más caros, como lirones con miel, lenguas de pavo real y también platos extraños que podrían parecer poco apetecibles al lector moderno. Los romanos más ricos podían permitirse ser más expansivos en sus gustos y hábitos alimenticios que el ciudadano romano medio. La *secunda mensa* era el plato de postre, y podía consistir en tartas dulces con miel, fruta, frutos secos o pasteles.

Bebidas Romanas

El vino se bebía con todas las comidas de los romanos. Se presentaba en muchas formas y variedades diferentes y a menudo se diluía con agua para que durara. Por ejemplo, los romanos disfrutaban de una bebida hecha con vino caliente mezclado con diferentes tipos de especias. También les gustaba el *mulsum*, un tipo de vino mezclado con miel. Los más pobres bebían lo que encontraban, ya sea agua o cerveza barata. La cerveza era común en la Antigua Roma y era disfrutada por todos los sectores de la sociedad. El café no existía en el mundo romano y el té tampoco, ya que las bebidas con infusiones de hierbas solo hicieron su aparición en la Europa moderna.

Platillos Populares

Los romanos disfrutaban de muchos tipos de embutidos, ya que se podían personalizar al gusto de la persona que los hacía. Una variedad concreta que parece haber destacado en la historia por ser la favorita era la salchicha luciana. Elaborada con comino, ruda, perejil, condimentos, bayas de laurel, garum, grasa y carne finamente molida, este embutido fue traído a Roma por los soldados que habían servido en Luciana. Se enrollaba finamente y se ahumaba.

A los romanos también les gustaban los huevos. Uno de los platos más populares era el huevo cocido con varios tipos de salsas. Eran populares como merienda o aperitivo. Una receta los sirve con una salsa de pimienta, apio de monte y piñones.

Un condimento romano común se llamaba *garum*. Se puede clasificar como un tipo de salsa de pescado, pero no era como la salsa de pescado que vemos en las tiendas hoy en día. Se elaboraba con vísceras de pescado fresco, sal y hierbas como el apio, la menta o el orégano. Se diluía con aceite de oliva, vinagre, vino o agua para que se extendiera más ("¿Qué es el Garum?", 2019).

Los romanos eran muy aficionados al marisco, y eso se nota en su amor por los mejillones. Un plato específico que llama la atención es el elaborado con puerro, *passum* o vino de pasas, comino y vino. Los mejillones se limpiaban y luego se cocinaban dentro del propio vino hasta que estaban tiernos.

Los postres romanos no reciben mucha atención, pero un plato popular se llamaba "pátina de pera". Como su nombre indica, se trata de un postre elaborado con peras molidas, comino, miel, *passum, garum* y aceite de oliva, hecho en una *pátina* (o un pequeño plato plano), combinado con huevos y pimienta.

El *libum* era un tipo de pastel de queso romano elaborado con harina, queso ricotta, huevos y miel, perfumada con hojas de laurel. Platos como éste solían cocinarse tapados con un plato o tapa conocido como *testo* (Raimer, 2000).

La Comida de los Ricos

Aparte de la comida estándar, los romanos más ricos comían alimentos extraños e innovadores, como lenguas de pavo real y de ruiseñor, caracoles, gansos, lirones, patos, faisanes, palomas, tordos, pinzones y caza silvestre como el jabalí y el ciervo. Las fiestas romanas de los ricos eran a menudo festivales de innovación para ver quién podía producir los platillos más extravagantes.

La Comida de los Pobres

Los romanos más pobres solían comer lo que encontraban, que solía ser harina molida de diferentes tipos de grano, y un plato llamado *puls*. Se trata de un plato elaborado con trigo molido y agua. Solían comer pan y sopa de verduras, queso, fruta y aceitunas. La carne era una rareza, a menos que pudieran ir a cazarla. Aunque bebían vino, era más bien por necesidad, y había una clara falta de experimentación en sus dietas.

Formas de Cocinar

Las cocinas de la Antigua Roma descubiertas en las ruinas de Pompeya muestran cómo era la cocina romana. Los romanos cocinaban sus alimentos en largos comederos hechos especialmente para eso, en los que se colocaban brasas ardientes. La carne, el pescado, las verduras y las aves de corral se colocaban en parrillas sobre los comederos para su cocción. Los guisos se cocinaban en grandes ollas abiertas sobre el fuego. Las ollas se montaban en trípodes sobre el fuego (Mandal, 2016).

Trabajos de los Romanos

Los romanos tenían muchos tipos de ocupaciones en todo el imperio. Se necesitaba mano de obra para mantener el orden y la estructura de la vida cotidiana, también para mantener la estabilidad del imperio.

Muchos ciudadanos romanos eran agricultores. Su trabajo era vital, ya que debían preparar y cosechar los cultivos con los que alimentar a la población civil y al ejército. Cosechaban trigo, cebada, frutas y verduras. El trigo, el cultivo más común, se utilizaba para hacer pan y otros productos de panadería.

Roma tenía el ejército más robusto del mundo antiguo. Estaba formado por hombres valientes que arriesgaban su vida en la batalla. El ejército estaba formado por gente más pobre que quería ganar un salario digno. Cualquiera podía alistarse en el ejército romano si tenía más de 17 años y estaba lo suficientemente en forma para soportar las dificultades que suponía.

Los comerciantes eran los responsables de la venta de bienes y servicios. Operaban en mercados al aire libre y eran responsables de mantener la economía estable y fuerte. Vendían todo tipo de bienes, desde armas y armaduras, hasta alimentos, telas, ropa de cama, vajilla, moneda y mucho más.

Los artesanos eran los responsables de producir los bienes que vendían los mercaderes. Hacían todos los pequeños trabajos que la gente no quería hacer o estaba demasiado ocupada. Hacían ollas y platos, joyas, espadas, artículos de cuero, cestas, arte y juguetes, instrumentos musicales y muchos otros objetos que eran de utilidad para la gente. Algunos perfeccionaban sus habilidades en un área concreta, como la confección de ropa o el arreglo de zapatos. En cualquier caso, eran vitales para la expansión del imperio porque desempeñaban pequeños papeles que la gente no solía ver.

Los músicos y animadores eran esenciales para la vida del imperio porque mantenían a la gente entretenida y distraída. Adoptaron muchas formas. Algunos tocaban música en las calles. Algunos se encargaban de entretener a los emperadores y a las personas con autoridad. Otros eran más hábiles tocando ciertos tipos de instrumentos musicales o utilizando su cuerpo para entretener, sorprender y divertir. En cualquier caso, daban color y sabor a la vida de todo el imperio.

Los abogados, maestros e ingenieros eran el centro intelectual del imperio. A menudo ocupaban posiciones de poder y desempeñaban funciones de alto rango en las finanzas y los puestos legales. Los maestros se encargaban de educar a las generaciones más jóvenes y a quienes querían perfeccionarse en disciplinas específicas. Los ingenieros se encargaban de diseñar y desarrollar redes de transporte, puentes, carreteras y edificios más eficientes. Los abogados eran excelentes oradores y filósofos y se encargaban de dar consejos legales.

El gobierno estaba formado por los hombres y mujeres más ricos y poderosos de la sociedad. Esto incluía a gobernantes, emperadores, líderes del Senado, jueces, ricos conferencistas públicos, oradores, gobernadores y todos aquellos en posiciones de autoridad dentro del imperio. Se necesitaban muchos otros tipos de personas en los trabajos más complejos para que el imperio funcionara sin problemas, como banqueros, recaudadores de impuestos, acreedores, deudores, oficinistas y muchos más. Los senadores eran considerados algunas de las personas más importantes de la sociedad.

Un Día Típico

Vida en la Ciudad

La mayoría de los romanos de la ciudad empezaban el día despertándose con las primeras luces del alba, lavándose y haciendo sus abluciones, y sentándose a desayunar lo que estuviera disponible en ese momento. A continuación, se dedicaban a su trabajo diario. Trabajaban hasta las primeras horas de la tarde y luego tomaban una comida ligera que los mantenía hasta la *cena*. Después de la cena, se dirigían a las actividades sociales o a los baños locales. La *cena* nocturna era un acontecimiento que la mayoría de los romanos esperaban con impaciencia, ya que les daba la oportunidad de relajarse de las actividades del día y de relacionarse con sus familiares y amigos. La vida en la ciudad estaba marcada por un ciclo de vida social mezclado con los negocios, los amigos y la familia. La comunidad era importante para los romanos de la ciudad. Mucha de la gente más rica solía vivir también en la ciudad, lo que facilitaba el contacto con personas de mayor estatus.

Vida en el Campo

La vida cotidiana en el campo estaba dictada por lo que había que hacer y por las necesidades básicas de la gente. Sus medios de vida o la cantidad de dinero que tenían determinaban lo que debían hacer cada día y el tiempo que tenían para las tareas cotidianas que debían realizar, como comer y cuidarse. Uno se imagina que la vida cotidiana en el campo comenzaría al amanecer con la realización de sus tareas diarias y luego se sentarían al desayuno , que sería una comida sencilla. Los campesinos trabajaban unos siete días a la semana y rara vez tenían tiempo para tomarse un descanso, dependiendo de la temporada. Los agricultores disfrutaban de la pesca, la caza, la equitación y muchas otras actividades al aire libre que no habrían sido posibles si se quedaran en la ciudad. Los romanos más ricos que vivían en el campo podían salir a pasear, montar a caballo y visitar amigos en villas cercanas.

Familia

La estructura familiar era importante para los romanos. Las esposas solían ser tratadas con respeto y tenían voz y voto en las finanzas y la gestión de la casa. A los padres se les llamaba *paterfamilias* y eran los responsables de ganar dinero en sus diversos oficios para mantener a la familia fuerte y estable. Se les consideraba el jefe del *domum* o de la casa. Los hijos de las familias ricas tenían la mejor educación que el dinero podía comprar, mientras que los que no eran ricos tenían que ser educados en casa.

Escuela

El tipo de educación que la mayoría de las familias podía permitirse dependía de su estatus social y posición económica. Los más ricos podían asistir a escuelas más caras y, posteriormente, a clases especializadas para mejorar en una disciplina u oficio concreto. Muchos de los tutores del sistema eran libertos o esclavos. Los sistemas escolares utilizados en la propia Roma se implantaron en todo el imperio para construir una cultura educativa coherente. Es decir, se enseñaban las mismas ideas en todas partes. Eran de tanta calidad que algunos de estos sistemas educativos siguen vigentes hasta el día de hoy.

Las escuelas romanas eran muy pequeñas, con una sola sala y un solo maestro o tutor. Las escuelas se dividían en niños y niñas. No había pupitres y solo el maestro podía sentarse en una silla con respaldo. Se enseñaba a leer, escribir, hablar, sistemas matemáticos, historia militar, geografía simple y muchas otras materias fundamentales. Era importante que los alumnos conocieran la gloria del propio imperio y fueran educados en la forma romana de la ley, el orden y la disciplina en cualquier campo que eligieran estudiar. Los hijos de las familias más ricas recibían una educación privada, que a menudo era mucho más costosa, ya que los tutores o profesores estaban formados más a fondo en sus disciplinas específicas. Parece que se ponía énfasis en hablar bien, ya que éste es el objetivo declarado al analizar muchos registros históricos de la Antigua Roma. En general, el sistema estaba influenciado por las prácticas griegas que los romanos habían aprendido al observar la cultura helénica. Al igual que en muchas sociedades, los que se encontraban en la parte inferior de la pirámide social romana o los más pobres tenían que educarse en casa y no podían permitirse la mejor educación. El estilo de vida y la cultura romana se reflejaba en sus sistemas educativos; a los niños se les enseñaban los valores que debían conocer al crecer para que pudieran convertirse en hombres y mujeres eficaces que sirvieran al imperio en cualquier función que se les exigiera.

Vestimenta

La vestimenta romana dependía en gran medida de la ocasión del día. Los que asistían a eventos especiales o de celebración, usaban una vestimenta sofisticada. La toga era la más utilizada para el uso público. Las versiones más ornamentadas se usaban en eventos formales y por quienes ocupaban puestos de autoridad. Eran difíciles de llevar y, en años posteriores, dentro del imperio, se prefería la túnica con capa, ya que era más cómoda. Dependiendo del tiempo, la túnica podía quitarse si hacía demasiado calor o ponerse si hacía frío. La túnica era como una especie de camisa que podían llevar tanto los ricos como los pobres, pero la mayoría de ellos la preferían. La mayoría de los romanos llevaban sandalias, aunque hay constancia de un calzado más elaborado entre los más adinerados.

Entretenimiento

El entretenimiento era importante tanto para el pueblo romano como para el gobierno romano en su conjunto. Según *Entretenimiento Romano* (sin fecha), el gobierno sabía que, si la gente estaba desocupada, causaría problemas, por lo que hacía grandes esfuerzos para intentar apaciguar a las masas proporcionando diferentes puntos de diversión a lo largo de la ciudad. Estas formas de entretenimiento eran en su mayoría gratuitas. La más notable era, por supuesto, el Coliseo, donde la gente veía todo tipo de combates, ejecuciones, carreras de carros, recreaciones de batallas navales y muchas otras actividades que a menudo eran violentas.

El Circo Máximo era un destacado lugar de entretenimiento público donde la gente podía ver carreras de carros, luchas de gladiadores y otros eventos deportivos.

El Campus era una base militar reconvertida a orillas del Tíber que se utilizaba para el deporte y la recreación. Hombres de toda Roma competían en torneos de lucha, jabalina, tiro con arco, boxeo y muchos otros tipos de espectáculos en los que podían ejercitar su destreza física.

También había muchas otras actividades en las que la gente podía participar, como ir a los museos para ver el arte romano, visitar las termas, ir a los zoológicos para ver animales raros e interesantes, y muchas otras.

Capítulo 5
Mitología

La mitología romana se refiere al conjunto de historias que conforman los orígenes del Imperio Romano. Se refiere a la creación de Roma, a sus dioses y diosas, a las criaturas míticas, a los aspectos de la cultura, a la justificación de las creencias romanas, y trata de los elementos existenciales de cómo surgió el Imperio Romano y cuál era su propósito o posición en el mundo. Roma era una sociedad compleja y de múltiples niveles cuyo lugar en el mundo se consideraba una fuerza dominante. Era a la vez opresora y legisladora. Lo que la gente creía sobre Roma afectaba a su forma de actuar y de comportarse en la vida pública, en su vida cotidiana y en la batalla.

El Origen Mitológico de Roma

Cabe destacar que los romanos estaban

orgullosos de sus leyendas y relatos sobre el imperio. Se enorgullecían de que estas historias existieran y las transmitían de generación en generación, tanto por medios escritos como verbales.

Dioses Romanos

Los dioses romanos se dividían en deidades mayores y menores. Cada dios representaba un aspecto diferente de la sociedad y la cultura romanas. Todas las facetas de la vida romana estaban representadas en estos dioses. Antes de la llegada del cristianismo, Roma era una sociedad exclusivamente pagana. Los propios dioses eran personajes de la historia romana, la mayor parte de la influencia en la Roma pagana procedía de las influencias de la cultura griega de su alrededor.

Júpiter era el dios romano alfa que lo controlaba todo. Era el rey de todos los dioses romanos, y su equivalente en la cultura griega era Zeus. Podía convocar truenos y relámpagos como Zeus.

Juno era el equivalente romano de Hera. Era la esposa de Júpiter y se la consideraba la protectora de Roma. Era la reina de todos los dioses y tenía un gran poder dentro del panteón.

Marte era el dios romano de la guerra. También era hijo de Júpiter y Juno. Era el líder de las legiones militares y el guardián de la agricultura al principio. Más tarde cambió a su papel bélico familiar y fue el segundo en poder entre los dioses del panteón, después de Júpiter.

Venus era la diosa romana del amor, la belleza y el romance. También representaba todos los aspectos del deseo sexual, la lujuria, la fertilidad, la prosperidad y la victoria. Además, era la diosa de los campos y los jardines.

Mercurio era el dios del comercio y la industria. Se le representa como un ser rápido y es sinónimo de velocidad, fertilidad, suerte y prosperidad. Las esculturas populares de Mercurio lo representan con alas en los talones, lo que sugiere que también cumplía el papel de mensajero de los dioses.

Neptuno era el dios del mar. Era el patrón de los caballos y el hermano de Júpiter. Antes de que los romanos se convirtieran en un pueblo marino, Neptuno se limitaba a ser un dios de los ríos y arroyos. Es un ejemplo de cómo las perspectivas de las deidades culturales pueden cambiar con el tiempo. A medida que la gente comprendía mejor su entorno, rendía culto a sus dioses de forma diferente.

Apolo era el dios de la música, las artes, la cultura y la profecía, era hermano de Diana. También inspiraba la medicina, la salud, la vitalidad y el bienestar.

Diana era la diosa de la caza, la habilidad y el tiro con arco. También representaba a los animales y a los seres vivos que podían ser cazados.

Minerva era la diosa de la sabiduría. Era un paralelo de la diosa griega Artemisa.

Ceres era la diosa de la agricultura y la cosecha. También representaba los climas y las estaciones. De su nombre procede el término moderno "cereal", que suele ser un producto alimenticio elaborado con productos de la cosecha, como el grano y productos similares.

Vulcano era el dios romano del fuego. También se le asociaba con la forja y la metalurgia.

Baco era el dios romano del vino y las orgías. También representaba el teatro romano. Baco también estaba asociado a la fertilidad. Los romanos tenían muchos dioses de la fertilidad a los cuales rezaban y les hacían sacrificios antes de la siembra de las cosechas para que fueran más productivas y fructíferas antes de la temporada de cosecha.

El mayor de los dioses romanos era en realidad el propio César. Un grupo que se llamaba a sí mismo el Culto Imperial hizo del culto a César, empezando por Julio César, su prioridad número uno. Todos los emperadores romanos eran adorados, excepto los malos o moralmente corruptos. A medida que el imperio crecía y se desarrollaba, el culto al emperador se formalizó. Los emperadores romanos, por supuesto, fomentaban este culto, ya que así era más fácil gobernar a sus súbditos y era menos probable que se rebelaran. En el lado opuesto, si un emperador se volvía impopular, era menos probable que se le considerara un dios y, en consecuencia, era más probable que se le asesinara.

El carácter de las deidades romanas refleja diferentes aspectos de la sociedad romana e incluso las diferentes personalidades de los propios emperadores romanos. Desde los dioses más belicosos hasta los más pacíficos, está claro que la naturaleza de estos dioses se basaba en personas de la vida real y en sus personalidades en momentos culturales concretos. Se podría decir que los dioses romanos eran más bien hombres endiosados.

Otros Mitos Culturales

Al igual que en otras culturas, los romanos creían en un orden natural de las cosas. Creían en dioses y diosas que regían diversos aspectos del mundo natural y de la vida romana. Había un gran interés por lo sobrenatural. La Roma pagana era todo lo que existía antes de la llegada del cristianismo en la época de Constantino el Grande. La cultura y las creencias romanas también estaban fuertemente influenciadas por las culturas de la época, especialmente la griega o helénica. Incluso la estructura de su panteón de dioses era similar y muchos dioses romanos eran equivalentes a sus homólogos griegos.

El heroísmo era un rasgo común en su folclore y su mitología. También se trasladaba a las aventuras de la vida real de los romanos. Se esperaba que los romanos fueran capaces de enfrentarse a todo tipo de situaciones. Se daba mucha importancia a la fuerza y la habilidad, así como a la capacidad intelectual. A continuación, se presentan algunos relatos de héroes romanos que aparecen en diferentes partes de la literatura. Cada historia forma parte de un tapiz más amplio que nos ayuda a entender el Imperio Romano y su funcionamiento. Entendemos mejor el imperio cuando vemos estas historias tanto de forma individual como colectivamente.

La historia de Eneas se cuenta en muchas formas de la literatura romana, como la Ilíada de Homero y La Eneida de Virgilio. Encas era un héroe romano y troyano que también era el antepasado de Rómulo y Remo. Tras la derrota de Troya, Eneas huyó a Roma con varias estatuas de dioses troyanos que plantó en Italia. Entonces entró en contacto con Dido, la reina de Cartago, y se enamoraron. La intención de Dido era que gobernaran juntos la ciudad de Cartago, pero Venus, la diosa del amor, hizo que su relación se rompiera.

Para honrar a su difunto padre, Eneas organizó una serie de juegos fúnebres al estilo de los gladiadores. Cuando murió durante los juegos, descendió al inframundo y se encontró con su padre y Dido. Eneas se enteró por su padre de cuál sería la línea de sucesión en Roma. Así se estableció la línea de reyes y emperadores. Esta historia fue una de las favoritas de los oradores romanos a lo largo de los siglos y se contaba de generación en generación.

A los romanos les gustaba utilizar ejemplos de la naturaleza para contar sus historias. Uno de estos ejemplos se llama "Júpiter y la abeja". Esta historia contiene una lección moral sobre la venganza y lo peligroso que puede ser tener una actitud vengativa.

Un día, después de que los humanos le quitaran la miel del interior de su colmena, la reina de todas las abejas se enfureció tanto que decidió hacer una visita a Júpiter y le ofreció miel fresca. A él le gustó tanto el sabor de la miel que se ofreció a darle todo lo que quisiera. Ella solo le pidió un aguijón que pudiera utilizar para dañar y matar a cualquier mortal que intentara acercarse a su colmena. A Júpiter le molestó su petición porque amaba a la raza humana y no quería verla sufrir. Sin embargo, tampoco quería negarle su petición después de haberle prometido algo. Así que acabó dándole un aguijón en la cola que, si bien hería a los mortales que se acercaban a ella, también provocaba su propia muerte. La moraleja de la historia es que no desees lo que puede matarte. Por el contrario, perdona.

Apolo es uno de los dioses más conocidos del panteón romano. Aparece tanto en la mitología griega como en la romana. Apolo se enamoró de la hermosa hija del rey Príamo. Para unirla a él, Apolo le prometió el don de la profecía si ella accedía a sus deseos. Cuando se unieron, ella incumplió inmediatamente el trato, lo que hizo que Apolo estallara en llamas. Enfurecido, la maldijo para que nadie creyera en sus profecías. Como resultado, nadie creyó lo que ella decía sobre la invasión de los griegos a los troyanos, y éstos fueron destruidos.

Una sacerdotisa llamada Io era una de las amantes del poderoso Júpiter, y para estar más cerca de ella, Júpiter se convirtió en una nube oscura para poder ocultar sus actividades y que su esposa Juno no se enterara. Pero Juno, al ser demasiado sabia, se dio cuenta del disfraz. Júpiter descendió entonces a la tierra y disfrazó a Io de vaca blanca para protegerla. Juno descubrió la vaca y la puso al cuidado de Argo, un dios con 100 ojos. Para rescatar a Io, Júpiter envió a su hijo Mercurio a Argo para que lo aburriera con muchas historias. Cuando Mercurio logró liberar a Io, Juno se enfureció y envió una gran mosca venenosa para que picara a Io por toda la eternidad. Solo cuando juró no volver a perseguir a Júpiter, Io fue liberada y partió hacia Egipto, donde fue adorada como una diosa.

Plutón recibió el nombre del dios romano de la muerte. El proceso romano de la muerte en sí consiste en que uno tiene que cruzar el río Estigia, donde se paga al barquero no muerto con monedas con las que se le entierra. La moneda tiene que estar dentro de la boca de la persona transportada o el barquero, Caronte, no la transportará. El río se consideraba una mala noticia incluso para los dioses más fuertes.

Cualquiera que entrara en contacto con él perdería la voz durante nueve años. Como curiosidad, el dios griego de la muerte, o del inframundo, se llamaba Hades. Como puedes ver, los griegos y los romanos tenían muchos paralelismos en su cultura.

Uno de los mayores héroes romanos y griegos de todos los tiempos fue el poderoso Heracles, o Hércules. Se le consideraba mitad hombre y mitad dios, era capaz de realizar hazañas de extraordinaria fuerza. Era capaz de luchar y vencer a seres sobrenaturales con su extraordinaria fuerza. Una de las historias más populares en torno a Hércules, o Heracles, es la leyenda de las doce tareas. Tenía que realizar estas tareas para apaciguar a la diosa Hera, o Juno en la tradición romana.

Jano era el dios romano de los comienzos y los finales. Tenía dos caras, que significaban el pasado y el futuro. Era el responsable de los cambios de tiempo y de las estaciones. En la mitología romana, hay una historia sobre una mujer que fue capturada por Rómulo y tuvo que ser rescatada. Jano salvó a la mujer y ahogó a los secuestradores con lava caliente. Tenía el control del mundo natural y de todos los elementos.

El Paganismo en la Antigua Roma

El paganismo en la antigua Roma duró hasta la llegada del cristianismo bajo el emperador Constantino el Grande, que prohibió todas esas prácticas. En el siglo IV, comenzó a eliminar todo rastro de objetos paganos de la casa del Senado romano y de los propios templos. Todos los rastros de la Roma pagana fueron finalmente eliminados para dar paso a una Roma más cristianizada. Pero, ¿cuál era la naturaleza del paganismo en Roma? ¿En qué creía la gente? Es importante ver cómo el paganismo tenía un impacto en su vida diaria. ¿Cómo sus creencias condujeron a los mitos que conocemos hoy?

El paganismo implicaba el culto al mundo natural y al universo que se podía ver en torno al Imperio Romano. La gente tenía que dar sentido a lo que veía, y para eso inventaban historias. Los vacíos de la tradición oral romana se llenaron con influencias de otras culturas, lo que resulta evidente al estudiar la literatura de la Antigua Roma y las historias que se transmitieron durante generaciones.

Capítulo 6
Militares Romanos

El ejército romano era el más fuerte de su época. Con líderes militares capaces, armas y tácticas sofisticadas, una fuerza motivada y disciplinada, eran la fuerza de combate más fuerte de su época y período. Esta fuerza de combate permitió a los romanos mantener el control del mundo antiguo conocido durante muchos cientos de años. ¿Qué diferenciaba al ejército romano de los demás ejércitos de la época? ¿Qué armas, tácticas y estrategias empleaban que los convertían en la envidia del mundo? El ejército romano era un reflejo, en muchos sentidos, de la naturaleza del propio imperio. Cuando era fuerte, Roma era fuerte. Cuando estaba dividido, fragmentado y sin líder, se mostraba en la forma en que se gobernaba el imperio. Era una parte inseparable de la fuerza y la gloria del imperio.

Estructura

El ejército romano estaba formado por unidades más pequeñas y otras más grandes. Las unidades más pequeñas se conocían como cohortes. Las cohortes se integraban en la estructura mayor conocida como legiones, de las cuales hablaremos con más detalle más adelante. Cada legión tenía 59 centuriones gobernantes. Una cohorte estaba formada por unos 480 hombres. Había un centurión por cada 80 hombres dentro de una cohorte.

Cada legión tenía alrededor de 120 *alae* o caballería. Estas unidades también se conocían como pertenecientes a la unidad *Eques Legionis*. No se utilizaban como caballería pesada, sino como tropas de reconocimiento y unidades para hostigar las cadenas de suministro del enemigo. También se utilizaban como mensajeros que podían deslizarse rápida y silenciosamente a través de las líneas enemigas o entre los puestos de avanzada para entregar noticias o información importante.

Cada centurión, cohorte y legión tenía su propio símbolo, estandarte y una bandera que se sostenía en un palo largo. Y se llevaban a la batalla.

El oficial al mando de una legión se llamaba

legado o *Legatus Legionis.*

Logística

El ejército romano era conocido por su suprema disciplina y fortaleza. Tenían que hacer marchas forzadas, a veces de hasta 30 kilómetros al día, llevando pesados sacos a la espalda. Cuando estaban en el campo, tenían que hacerse cargo no solo de sus armas y armaduras, sino también de sus ropas, ollas y otros utensilios de cocina. Llevaban todo lo que necesitaban para sobrevivir en el campo. Según *El Ejército Romano* (sin fecha), los romanos compartían una tienda de campaña mientras estaban en el campo. Durante la marcha, se utilizaban mulas para trasladar cargas más pesadas, como las tiendas y otros grandes bultos que pesaban mucho para la infantería. Aunque los propios soldados romanos eran lo suficientemente robustos, llevar demasiado peso habría ralentizado todo el avance del ejército, por lo que se utilizaban animales de carga para una gran parte del trabajo.

Dependiendo de las condiciones de la batalla, contra quiénes y dónde estuvieran luchando en el mundo, los romanos hacían un amplio uso de reclutas que tenían un mejor conocimiento del terreno que ellos. Estos auxiliares cobraban menos que los propios soldados romanos, pero también recibían otras recompensas por su servicio; se les ofrecía la oportunidad de convertirse en ciudadanos romanos una vez terminada la guerra. Convertirse en ciudadano romano en aquella época era una gran recompensa para cualquier hombre, ya que conllevaba una serie de privilegios.

Bajo el mando del emperador romano Cayo Mario, el ejército romano se reformó y se endureció aún más en la batalla por el año 100 a.C. A los soldados romanos se les llamaba a menudo "mulas de Mario" debido a la cantidad de equipo que tenían que llevar. Dicho equipo incluía su comida, armas, cuerdas, hoces, escudos, picos y muchos otros artículos que eran necesarios en la batalla y en el campo. Los hombres también tenían que recorrer largas distancias en un día. Era una prueba de resistencia. Los soldados romanos marchaban, luchaban, construían puentes e irrumpían en fortalezas, a veces todo en un mismo día. Al final del día, había que construir el campamento, con pesados troncos de madera y cavar trincheras en todo el perímetro. Por la mañana, había que volver a desarmarlo. Todo esto era un trabajo arduo y agotador. Los castigos solían ser duros para los soldados que se quedaban dormidos o que incumplían las normas.

Legiones

El ejército romano estaba formado por dos grupos: los auxiliares y los legionarios. Los legionarios eran soldados menores de 45 años. Los auxiliares eran soldados que no eran ciudadanos romanos, reclutados de otras tribus. Roma había conquistado muchos territorios y tenía mucha mano de obra si necesitaba soldados adicionales para sus fuerzas militares. Cada legión constaba de diez cohortes. La primera cohorte estaba formada por 800 hombres y las otras nueve por 480 hombres cada una.

Entrenamiento

Un soldado romano era una máquina de combate entrenada y equipada para hacer frente a las situaciones de batalla más extremas. Solo los hombres podían alistarse en el ejército, y los que tenían menos de 17 años o eran demasiado débiles o poco aptos físicamente eran rechazados. El contrato estándar para la mayoría de los soldados romanos era un período de unos 25 años en el ejército. Si sobrevivían a su tiempo, eran recompensados con regalos de tierras y se les permitía retirarse en paz. Los soldados más veteranos a veces vivían juntos en ciudades llamadas *colonias*. El entrenamiento propiamente dicho duraba unos cuatro meses. Los soldados eran sometidos a una serie de pruebas. Si fallaban, se les sometía a dietas específicas o recibían un tipo de entrenamiento concreto.

La formación del ejército se dividía en entrenamiento individual, entrenamiento colectivo, así como entrenamiento de combate y de no combate (supervivencia). El entrenamiento individual consistía en que el soldado se mantuviera en forma y mentalmente alerta. También incluía la práctica con armas cuerpo a cuerpo y a distancia. Los soldados eran sometidos diariamente a una serie de ejercicios físicos que incluían nadar, saltar, correr, levantar objetos pesados y otros tipos de actividades física s.

El entrenamiento colectivo se centraba en los aspectos tácticos de la guerra y en la comprensión del trabajo en grupo. Los soldados romanos no se entrenaban únicamente para mejorar su condición física o para mejorar la moral, o por orgullo y creencia colectiva. Se entrenaban porque sabían que iban a entrar en situaciones reales y que necesitarían emplear las habilidades que estaban aprendiendo. La realidad de la vida en el Imperio Romano era a menudo salvaje y cruel, y necesitaban estar preparados. Los aspectos del entrenamiento colectivo incluían cómo marchar y desfilar como una unidad, mantener sus filas y cómo construir edificios militares, empalizadas y cavar trincheras. Practicaban combates contra miembros de sus propias unidades con espadas de madera. Estos combates consistían en ver quién podía desalojar primero la formación de la otra unidad.

De vez en cuando, la infantería y la caballería realizaban marchas de ruta juntas. Eran pruebas para ver quién era capaz de aplicar su destreza en el campo de batalla. No había combate, pero seguía siendo un entrenamiento riguroso. Permitía a los soldados poner en práctica lo que habían aprendido: ejercicios de acampada, de construcción y de cruce de ríos. La caballería también realizaba las maniobras que había aprendido en la escuela.

También se practicaban ejercicios militares a gran escala, y no era raro recibir la visita del propio emperador en alguna ocasión. Adriano fue uno de los emperadores más conocidos por visitar a las tropas en el campo y en el frente. En ellas alababa, criticaba y comentaba el entrenamiento y la disciplina de las tropas.

Infraestructura de Entrenamiento

Los soldados romanos vivían y se entrenaban en tiendas de campaña en su mayor parte. Para garantizar que el entrenamiento se realizara correctamente, era necesario contar con los edificios adecuados. El entrenamiento se realizaba normalmente en el exterior, pero en caso de lluvia o mal tiempo, podía trasladarse al interior si era necesario.

Había diferentes tipos de campamentos para distintas unidades y varios tipos de formación. Había zonas para entrenar la construcción de puentes y fortalezas; había talleres de asedio, polígonos para practicar el tiro con arco y las maniobras de artillería, también había zonas donde se practicaban las formaciones de infantería. Esto significaba que los campos de entrenamiento romanos tendían a ser instituciones muy grandes y establecidas. Su mantenimiento era costoso y se consideraban muy respetados.

Había muchos tipos de personas que dirigían estos campamentos. Por ejemplo, había *campidoctores*, o instructores de entrenamiento, cuyo trabajo consistía en asegurar que el nivel de las tropas nunca bajara. Un *doctor armorum* era considerado un experto en el uso de todo tipo de armas. Un *doctor cohortis* era el instructor de entrenamiento de todo un pelotón o cohorte. Se especializaban en maniobras a gran escala. Los *exercitatores* o *magister campi* eran los especialistas en movimientos y formaciones relacionadas con la caballería.

Los Soldados Romanos en la Vida Cotidiana

Los soldados romanos no solo servían para luchar y combatir. Tenían muchas ventajas prácticas fuera del ámbito militar. Los soldados podían utilizarse para construir ciudades y estructuras enteras. Ayudaban a construir carreteras, escuelas, puentes, campamentos y muchos otros tipos de estructuras. Cuando estaban en el frente, la infantería que construía torres y puestos militares era a menudo custodiada por la caballería.

Beneficios del Entrenamiento del Ejército Romano

Algunos historiadores han señalado que el entrenamiento al que se sometían los romanos realmente ayudaba a los soldados cuando estaban en el campo de batalla. Estar al aire libre constantemente preparaba a los soldados romanos para la realidad de la batalla y para campañas largas y prolongadas. Estar constantemente cansados, sedientos y hambrientos mientras se enfrentaban a condiciones extremas era suficiente para aclimatarse a las condiciones que tenían que afrontar en la guerra. Los constantes ejercicios con otros soldados ayudaban a crear un sentimiento de camaradería entre las tropas. Este vínculo entre los soldados romanos los convertía en una unidad de combate más eficaz en el fragor de la batalla. La compenetración que tenían y las amistades que construían en el campo de batalla eran motivadores eficaces. La resistencia mental y física que habían construido mientras realizaban su entrenamiento podía ser, en ocasiones, el factor decisivo para hacer prevalecer batallas reñidas.

Armada

Inicialmente, hasta alrededor del siglo III, el ejército romano no destacaba por ser una civilización naval. Su destreza en tierra solía ser suficiente para aplastar a los ejércitos de la mayoría de las civilizaciones, pero solían tener problemas en cuanto se adentraban en el mar abierto. Sin embargo, con el tiempo, esto cambió. Durante la primera guerra púnica, en el año 264 a.C., se enfrentaron a una potencia naval fantásticamente organizada en Cartago, lo que supuso el catalizador para su adopción de la estrategia naval. Hasta ese momento, Cartago había sido la potencia mundial en materia de navegación marítima. Los romanos sabían que esto tendría que cambiar si querían consolidar el poder que habían ganado. Para superar a Cartago, Roma tendría que reconstruir su armada desde cero, construir puertos y aprender los fundamentos de la guerra naval. Era una tarea trascendental.

Para empezar, Roma trató de nivelar el campo de juego haciendo uso de su mayor fuerza en el mar: la infantería. Para enfrentarse al enemigo en el mar, los romanos inventaron el mencionado *corvus*, un dispositivo que permitía a la infantería atravesar una plataforma plana para atacar a las tropas enemigas en sus barcos. Por desgracia, el *corvus* tenía algunos inconvenientes, concretamente el hecho de que no podía utilizarse en mares agitados debido a su naturaleza inflexible. Causaba más daños a los barcos de los necesarios. En una época en la que la construcción de barcos era costosa y requería mucho tiempo, los romanos no podían permitirse perder tantas naves. Con el tiempo, el *corvus* fue eliminado y sustituido por tácticas de guerra antiguas más eficaces. Cuando el *corvus* desapareció, el ejército romano ya era una superpotencia naval muy eficaz y no tenía más utilidad.

Durante el periodo imperial de la historia romana, no quedaban enemigos contra los que luchar, salvo algunas incursiones de piratas a las que se hacía frente con facilidad, aunque eran una molestia. En su mayor parte, la armada romana solo se utilizó para transportar grano y materiales industriales, sin tener nada que ver con la guerra.

Armamento y Tácticas

Armamento

Los soldados romanos utilizaban una gran variedad de armas en el campo de batalla. Dependiendo de cada batalla preferían diferentes armas. Si se trataba de un asedio, se utilizaba el equipo de asedio para abrir las ciudades enemigas. Si se trataba de hacer una muralla defensiva, se recurría a tropas más acorazadas. Según *La Antigua Roma: Ejército Romano* (sin fecha), los soldados romanos utilizaban diferentes tipos de armas, como dagas, espadas cortas, lanzas (para clavar), jabalinas y también un arco y una flecha (dependiendo de su puesto). La espada corta romana, o gladius, demostró su eficacia en el combate cuerpo a cuerpo y les permitió destruir al ejército griego durante su invasión y ocupación de Grecia. La espada corta era barata y fácil de fabricar, ofrecía una mayor movilidad, pero claro, no sustituía a las formas más pesadas de armamento.

El equipo de asedio romano era uno de los mejores del mundo. Las armas de asedio que desarrollaron fueron adaptadas de lo que aprendieron de la cultura de asedio helénica en los primeros años del imperio. Estas armas que utilizaba el ejército romano incluían la *balista*, el onagro, el ariete, el *escorpión* y varios tipos de artillería. También había divisiones de asedio romanas encargadas de diseñar, construir y operar el equipo de asedio, cavar bajo las murallas y planificar la estrategia para invadir ciudades fortificadas.

Equipo de Asedio

Una de las herramientas más conocidas que utilizaba el ejército romano era el ariete. Era una gran y pesada construcción con ruedas en forma de viga que se cubría con láminas de hierro para hacerla lo más pesada posible. Los hombres que se encontraban dentro del ariete lo empujaban contra las estructuras enemigas (mientras permanecían a salvo del fuego de las flechas enemigas). Se utilizaba contra objetivos lentos o estáticos.

Otra arma romana eficaz era la *balista*. Era una forma de artillería antigua que podía lanzar grandes proyectiles, pernos o flechas contra masas de unidades. Se consideraba extremadamente precisa en el campo de batalla. La *balista* era una construcción fija en el suelo que se accionaba tirando de una cuerda hacia atrás y soltándola, de forma muy parecida a como se haría con un arco y una flecha. Julio César las utilizó durante sus batallas en Gran Bretaña y durante la batalla en la Galia en Alesia.

Las torres de asedio eran estructuras grandes, altas y con ruedas que podían utilizarse para ayudar a la infantería y a los soldados a acceder a las murallas y a otras torres. Daban una vista del área de la batalla y ofrecían la ventaja de la altura a las tropas que estaban en la torre. Desde estas torres se podían lanzar flechas, rocas y otros proyectiles, y resistían al fuego de los arqueros. Las torres de asedio contaban con estructuras que podían subir o bajar a la altura de la muralla si era necesario. Se utilizaron en el asedio de Masada en el 74 d.C. y en el asedio de Yodfat en el 67 d.C., entre otras campañas.

Las minas eran túneles que se excavaban bajo las fortificaciones enemigas, como murallas y torres. También debilitaban los muros y hacían que las estructuras se derrumbaran o las hacían más fáciles de derribar. Equipos especiales de ingenieros llamados zapadores creaban túneles llenos de resina, azufre y materiales incendiarios con el fin de destruir estos túneles y cualquier estructura que estuviera en el suelo por encima de ellos. Este uso parecía ser una táctica específica de los romanos y una táctica aterradora para los habitantes de las ciudades, que oían cómo los romanos avanzaban lenta pero inevitablemente por debajo de ellos, mientras la batalla se libraba afuera.

En las batallas navales, el ejército romano utilizaba algo conocido como *corvus* para abordar los barcos enemigos. Se trataba de una máquina de asedio, pero también de un puente en forma de tablón con un extremo en punta que se fijaba a un barco romano mediante un poste. El tablón podía subirse o bajarse mediante una serie de poleas, y cuando se dejaba caer sobre la cubierta de un barco enemigo, el pincho se incrustaba en la cubierta de ese barco y era imposible de retirar. Una vez que las naves quedaban enganchadas, no podían maniobrarse adecuadamente, ni desengancharse con facilidad. Los soldados romanos podían entonces abordar el barco contrario y prenderle fuego o masacrar a la gente que estaba a bordo. Los soldados avanzaban hacia la nave contraria con sus escudos por delante para evitar ser alcanzados por los proyectiles o las espadas del enemigo.

El *scorpio* o *escorpión* era un dispositivo parecido a una ballesta con ruedas a ambos lados. Se podía trasladar utilizando estas ruedas. Era un arma antipersonal más que un arma que pudiera derribar fortificaciones. Los *escorpiones* eran más fáciles de mover a su posición que las balistas o tipos de armas similares, debido a su menor tamaño. Sin embargo, a pesar de ser pequeñas, eran capaces de causar grandes daños a las tropas acorazadas.

Los onagros o catapultas eran armas grandes, pesadas, con ruedas, que lanzaban proyectiles a grandes distancias. Estaban pensadas para disparar sobre masas de unidades causando una destrucción generalizada. Pero su objetivo principal era destruir muros y fortificaciones que, de otro modo, serían impermeables a otras armas de asedio. Los proyectiles que lanzaban eran grandes rocas u objetos pesados que se rociaban con un material inflamable y se incendiaban.

Tácticas

La forma de actuar de los romanos consistía en

dominar el campo de batalla para controlar el resultado de la misma. Los romanos avanzaban en medio de la batalla con escudos para protegerse del fuego de los arqueros enemigos. Su defensa era fuerte y contraatacaban al enemigo desde su posición fortificada. El ejército romano tenía muchas formaciones de escudos diferentes que utilizaba dependiendo de la situación en la que se encontraba. Estas formaciones podían ajustarse durante el transcurso de una batalla para poder ganar la ventaja. Una de las maniobras militares romanas más comunes era la conocida como *testudo*. Se trataba de una formación basada en el caparazón de una tortuga; la formación en sí misma estaba diseñada para proteger a los soldados de su interior del fuego enemigo. Los soldados sostenían sus escudos sobre sus cabezas y se agachaban dentro de la formación o bloque mientras avanzaban o mantenían una posición defensiva.

Otra formación popular era la cuña. Se creaba para atacar a las formaciones enemigas y abrirlas; después, los soldados romanos causaban estragos dentro de las líneas enemigas y las destruían. Los legionarios formaban un triángulo y cargaban contra el enemigo con los gladius desenfundados.

Inicialmente, los romanos habían empleado la formación de falange durante los primeros años del imperio. Se trataba de una formación que requería que los soldados avanzaran como un bloque unificado y desequilibraran al enemigo contragolpeando para conseguir la victoria. Se popularizó en la cultura helénica y fue llevada adelante por estos primeros ejércitos romanos. Las lanzas con mango largo eran las más eficaces en esta formación para penetrar en las líneas enemigas y separarlas, al mismo tiempo que eran muy rígidas para defenderse. Sin embargo, los romanos descubrieron en sus batallas contra los más ágiles samnitas que esta formación no era tan efectiva en terrenos más rocosos; fue allí cuando modificaron su forma de combatir.

Cuando los romanos se enfrentaron a los griegos en las guerras del 146 a.C., usaron la formación falange y los derrotaron. Una nueva forma de guerra había llegado al mundo antiguo, basada en la movilidad y la velocidad, en lugar de depender únicamente de la armadura pesada. La habilidad de los romanos para utilizar sus espadas cortas en espacios reducidos confundió por completo a las unidades griegas, que eran más pesadas por sus armaduras que las hacía más lentas. En estas guerras fueron despedazados en poco tiempo. Los romanos introdujeron la idea de que la infantería se organizara en pequeños grupos dependiendo de su función dentro de la batalla. Cada unidad funcionaba como parte de un conjunto mayor. Los nombres de estos grupos eran: *velites, hastati, principes* y *triarii.*

Los *velites* eran soldados jóvenes e inexpertos cuya función era mantener la primera línea del ejército romano mientras marchaban a la batalla. Estaban destinados a presionar al enemigo en los primeros momentos de la batalla. Cuando eran llamados a filas después de la primera fase de la batalla, volvían a la primera línea y la siguiente zona o grupo de soldados romanos ocupaba su lugar. Estos eran conocidos como los *hastati*. Estos hombres eran los responsables de la siguiente fase de acción: la fase de la jabalina. Cuando se encontraban a unos 30 metros del enemigo, se colocaban con sus jabalinas mirando hacia el adversario. Cuando su comandante daba la orden, lanzaban sus jabalinas contra el enemigo, hiriendo o matando a los que estaban en primera línea o inutilizando la caballería enemiga. Una vez lanzadas las jabalinas, se precipitaban hacia el adversario con las espadas preparadas mientras los soldados que iban detrás lanzaban sus jabalinas por encima de sus propias cabezas y hacia las filas del enemigo. Si la carga de los *hastati* no tenía éxito, se reformaban en la parte trasera de la columna y la siguiente fase de soldados romanos ocupaba su lugar: los principes. Como su nombre indica, estos eran los mejores soldados que el imperio podía ofrecer. A menudo eran los más hábiles y hacían sentir su presencia en el campo de batalla cuando el enemigo estaba desorganizado y devastado por los dos ataques anteriores. Si los ataques anteriores no tenían éxito, los registros históricos indican que éste solía ser el ataque que derrotaba completamente al enemigo. Si por alguna razón el enemigo era más resistente de lo habitual, los *principes* se retiraban y la siguiente y última fase de la columna se llevaba al frente para enfrentarse al enemigo, los *triarii.* Estos solían ser los más pesados de la infantería y la unidad estaba formada por hombres más viejos y ricos. Suelen ser el último recurso cuando el ejército romano ha agotado sus tres primeras opciones.

Si el enemigo retrocedía, se recurría a la caballería romana. Aunque los romanos no eran una civilización destacada en el campo de la caballería, usaban estas unidades para asegurarse de que el enemigo no los flanqueara. Una vez que el peligro había pasado, o que el enemigo había huido o había sido derrotado, la caballería era llevada para limpiar lo que quedaba del enemigo. Como se ha señalado anteriormente, los romanos no se sentían atraídos de forma natural por el uso de la caballería, un hecho que se convertiría en algo importante más adelante, durante los últimos años de la historia del imperio. Sin embargo, durante la mayor parte de su historia, las unidades de caballería del ejército romano estaban formadas por reclutas más capacitados procedentes del norte de África y de la Galia, según *Tácticas Militares del Ejército Romano* (sin fecha).

Los romanos prestaban mucha atención a la forma en que se situaba su caballería o al lugar donde decidían librar sus batallas. Si las batallas eran contra ejércitos fuertes orientados a la caballería, los romanos trataban de atraer al enemigo hacia terrenos accidentados o montañosos. También solían preferir luchar con el viento en lugar de contra él. El lanzamiento de proyectiles se hacía más efectivo dependiendo de la dirección en la que soplara el viento y de su velocidad.

Como se ha mencionado anteriormente, los romanos utilizaban eficazmente las tácticas de asedio para doblegar a los enemigos más obstinados. Estas tácticas también incluían el relleno de fosos defensivos con tierra y concreto.

Utilizaban arietes para debilitar la estructura defensiva de una muralla y también utilizaban vigas de madera con ganchos en los extremos. Estos ganchos se utilizaban para arrancar la argamasa y los ladrillos de una muralla para debilitarla definitivamente y hacer que se derrumbara o para crear brechas por las que las tropas romanas pudieran entrar en la ciudad. Para protegerse al entrar en la brecha, las tropas romanas utilizaban el *testudo*. Los romanos también inventaron una especie de grúa que podía elevar grupos de hombres por encima de la muralla para atacar posiciones enemigas concretas.

Batallas Famosas

Roma fue testigo de muchas batallas a lo largo de los años. Algunas fueron grandes victorias y otras fueron grandes derrotas. El legado de estos conflictos moldeó el mundo durante siglos, llevando a la extinción de algunas civilizaciones y al nacimiento de otras. Estas batallas cambiaron fundamentalmente el curso de la historia de la humanidad.

Guerras Púnicas

Las guerras púnicas fueron algunas de las batallas terrestres y marítimas más importantes de la historia del Imperio Romano. La batalla entre Roma y Cartago enfrentó a dos de las principales potencias mundiales de la época. Una de ellas fue la batalla de Cannas, librada cerca de un pequeño pueblo del centro de Italia. Fue considerada una de las peores derrotas de Roma. Una fuerza menor de cartagineses rodeó a una fuerza mucho mayor de infantería y caballería romana, bajo el mando de Lucio Emilio y Cayo Terencio Varrón, y la destruyó. El número de vidas romanas perdidas se equiparó a las batallas más modernas de la Primera Guerra Mundial. La destrucción del ejército romano fue tan grande que se señaló como uno de los momentos más oscuros de la historia militar romana. De los 86.000 soldados que iniciaron la batalla, solo sobrevivieron unos 15.000, que eran la mayoría de las reservas.

Tras esta batalla, los romanos se vieron sacudidos hasta lo más profundo. Sufrieron una segunda derrota masiva ese año en la Batalla de la Selva Litana, pero se negaron a ceder ante los cartagineses. Lucharían durante 14 años más antes de que Roma saliera finalmente victoriosa en la batalla de Zama, que marcaría el fin de la superioridad cartaginesa y la caída de su imperio.

Teutoburgo

Esta gran batalla entre los romanos y los germanos de Sajonia y el norte del Rin tuvo lugar en el año 9 d.C. en el bosque de Teutoburgo, alrededor del Limes Germanico. Se la conoce como el Desastre de Varian porque fue dirigida por el malogrado general Publio Quintilio Varo. Los guerreros germanos y sus aliados tendieron una emboscada a un grupo de legiones romanas y sus auxiliares en el bosque mientras marchaban fuera de la formación por los senderos embarrados que se adentraban en el bosque. Los romanos parecían haber sido tomados por sorpresa. El líder de la tribu germana, Arminio, había vivido en Roma por lo que conocía las tácticas y formas de lucha romanas. Al estar tan dispersos, los soldados romanos tenían poca defensa contra el ejército germano que era numéricamente superior; y se encontraron con poco espacio para maniobrar. Cuando intentaron escapar, cayeron en una trampa en la base de la colina de Kalkriese, con solo estrechos pasos entre los puertos de montaña que podían cruzar. Sin poder moverse con facilidad y establecer una posición defensiva, las tropas germanas los atacaron desde arriba y los masacraron, provocando la muerte de Varo y de varios otros líderes del ejército romano. Se convirtió en una derrota para el ejército romano. Tras la batalla, la tribu germana intentó cruzar el Rin hacia la Galia, pero finalmente fue rechazada por las defensas romanas de la zona.

Campos de Cataláunicos

+

La batalla de los Campos Cataláunicos se libró en los años de decadencia del imperio, cuando éste se encontraba bajo la constante amenaza de invasión de las tribus bárbaras. Los principales protagonistas de esta batalla fueron el joven y brillante general romano Flavio Aecio y el bárbaro rey caudillo Atila el Huno. A modo de contexto, Atila llevaba muchos meses amenazando al Imperio Romano occidental y oriental y pretendía hacerse con la propiedad de Roma reclamando a Honoria, la hermana del emperador Valentiniano, como su novia. Atila ya había atacado grandes zonas de Europa y las había devastado. Sin embargo, la forma de actuar de los hunos no era mantener el territorio, sino asaltar y tomar lo que pudieran, pasando a otras zonas cuando hubieran desangrado la tierra.

La batalla en los campos Cataláunicos fue una de las últimas grandes batallas del Imperio Romano de Occidente antes de su eventual colapso en 476. Tuvo lugar en torno al año 451 d.C. y se libró entre las debilitadas fuerzas del Imperio Romano de Occidente y sus aliados y los feroces hunos y sus propios aliados. El ejército romano estaba compuesto en gran parte por auxiliares y, por tanto, no contaba con su fuerza habitual. El ejército romano regular de Aecio estaba estacionado en gran parte en la Galia y, por lo tanto, quedó inutilizado en gran medida en este momento. El ejército romano comenzó siendo el más agresivo y dominante de los dos ejércitos, y empujó a los hunos hacia atrás. En medio del campo de batalla había un terreno elevado que los hunos intentaron tomar, pero fueron derrotados por los romanos. Uno de los líderes de los aliados romanos, Teodorico el Godo, fue asesinado por un líder de las tribus bárbaras contrarias.

Al caer la noche, la dinámica de la batalla cambió ligeramente y Aecio se separó de sus tropas. Al no poder ver hacia dónde se dirigían en la oscuridad, su aliado Turismundo se adentró accidentalmente en el campamento huno mientras deambulaba, y fueron emboscados. Huyendo, herido, pero todavía vivo, Turismundo se retiró de la batalla. A la mañana siguiente, Aecio y lo que quedaba de sus fuerzas romanas y aliadas investigaron el campo de batalla y lo encontraron lleno de cadáveres.

Suponiendo que Atila tenía pocas provisiones, Aecio rodeó el campamento huno, pero se negó a destruirlo por completo por miedo a perder su única baza en las guerras con otras tribus bárbaras en el futuro. Se retiró con el resultado de la batalla inconcluso y con la esperanza de haber hecho lo suficiente para salvaguardar el futuro de Roma. Atila había sufrido grandes pérdidas. Murió dos años después, en el 453 d.C., y los hunos dejaron de ser una amenaza seria. La batalla de los campos Cataláunicos es considerada por muchos historiadores romanos como uno de los conflictos más violentos y brutales de la historia de la guerra romana. Llevó a un Imperio Romano de Occidente ya agotado a su punto de ruptura.

Batalla de Accio

La batalla romana de Accio fue una batalla naval que tuvo lugar alrededor del año 31 a.C., en los últimos años de la república romana. Se libró entre las legiones de Octavio, o César Augusto, y las fuerzas de Marco Antonio, que representaba al Egipto ptolemaico. Bajo el mando del hábil general Agripa, la fuerza mucho más pequeña de Octavio fue capaz de superar la fuerza más grande de Antonio (unos 500 barcos de guerra frente a 250). Octavio mantuvo la mayoría de sus barcos fuera del alcance de los más eficaces buques de guerra ptolemaicos y, como resultado, fue capaz de provocarles para que cometieran un error y quedaran aislados unos de otros. Con la desorganización presente en sus filas, las fuerzas de Marco Antonio se vieron obligadas a retirarse.

Corintio

Otra sorprendente batalla entre los romanos y las fuerzas helénicas tuvo lugar en Corinto en el año 146 a.C. Esta batalla fue decisiva porque supuso el fin de la guerra de los aqueos y el inicio de la hegemonía romana sobre Grecia. Tras esta batalla, los romanos aniquilaron por completo Corinto y hoy no queda ninguna parte en pie. Unas semanas antes de la batalla, el ejército romano había destruido las fuerzas griegas en Escarceo y Beocia. La batalla comenzó cuando las fuerzas griegas atacaron un campamento romano con auxiliares sin esperar un ataque de las fuerzas griegas más pequeñas. Debido a este descuido, los romanos fueron tomados por sorpresa. Su respuesta a esta incursión fue rápida y trágica para los griegos. El ejército romano contraatacó y se enfrentó a ellos en el campo de batalla fuera de la ciudad al día siguiente. Al principio, la caballería griega fue capaz de mantener sus propias líneas frente a la infantería romana, pero cuando una brigada de unos 1.000 hombres atacó su flanco, rompieron filas e intentaron huir de vuelta a la ciudad. El ejército romano los siguió y los destruyó en su huida.

En la carnicería resultante, los romanos saquearon completamente la ciudad de Corinto y la destruyeron, sin dejar ningún edificio en pie.

CAPÍTULO 7

Decadencia y Caída del Imperio Romano

El Principio del Fin del Imperio Romano

Todos los imperios acaban llegando a su fin, o cambian de alguna manera cuando el equilibrio de poder cambia o el mundo evoluciona. Nuevas potencias surgen y crecen más rápido de lo que estos imperios pueden manejar, o los propios imperios se debilitan desde dentro. El Imperio Romano nunca iba a seguir siendo la primera potencia mundial debido a los cambios de época y de estación. En toda Europa, otras potencias estaban surgiendo. Pero, ¿qué llevó a la eventual caída y desaparición de la mitad del imperio responsable de llevar la ley y el orden al mundo conocido durante 1.000 años? Eso parecería imposible, y sin embargo, sucedió.

Factores Que Condujeron a la Decadencia del Imperio

Inicialmente, durante los primeros cientos de años de su imperio, los romanos habían tenido tradicionalmente la ventaja sobre las tribus bárbaras, especialmente en Germania y al otro lado del Danubio y el Rin. Aunque no habían tenido mucho éxito a la hora de someter a esas civilizaciones por completo, habían mantenido un control constante sobre esas regiones y habían impedido que los bárbaros cruzaran el Rin. Sin embargo, en el siglo IV, los bárbaros habían comenzado a invadir las fronteras romanas y a hacer incursiones en el imperio. Aunque no llegaron a invadir el imperio en sí, en ese momento hubo señales de advertencia de que no todo iba bien dentro del imperio. Otras tribus bárbaras habían mejorado significativamente, copiando el manual de juego romano y desarrollándose tecnológicamente a un ritmo proporcional. Todos estos factores hicieron que la oposición al norte del Danubio fuera significativamente más problemática que sus predecesores. Combinado con un ejército romano que no tenía la fuerza de sus antiguas legiones, supuso un problema para el Imperio Romano en su conjunto. En el año 410, los visigodos saquearon la ciudad de Roma, que volvió a ser asaltada en el año 455.

Los problemas económicos también afligieron al Imperio Romano hasta que finalmente cayó y dejó de existir. El aumento de los impuestos y la creciente inflación habían provocado una brecha cada vez mayor entre los que tenían y los que no tenían. Para escapar del rápido aumento de los impuestos que les afectaban, muchas personas que vivían en la ciudad huyeron al campo. Esto condujo a un menor desarrollo urbano y al inicio de la decadencia urbana. La reducción de la mano de obra hizo que Roma tuviera que incorporar a su fuerza de trabajo a personas extranjeras. Al perder territorio, no pudieron reclutar mano de obra esclava para mantener la prosperidad del imperio. En el siglo V sufrieron un nuevo revés cuando los vándalos reclamaron el norte de África, lo que provocó una mayor escasez de esclavos. Los piratas les obstaculizaban el océano, por lo que los suministros y el comercio también se vieron afectados, lo que provocó problemas agrícolas y escasez de alimentos en todo el imperio.

El auge del Imperio Romano de Oriente fue un factor clave en el eventual declive de Occidente, por extraño que parezca. En el siglo III, el emperador Diocleciano dividió el Imperio

Romano en dos mitades, la occidental y la oriental, alegando que era demasiado revuelto para que una sola persona lo gobernara. Esto hizo que el imperio fuera más fácil de gobernar, pero co mo se desarrollaron a ritmos diferentes, hubo un abismo cada vez mayor entre el este, más rico financieramente, y el oeste, cada vez más problemático. Mientras que el este estaba fortificado y vigilado cuidadosamente, el oeste quedaba abierto a las invasiones bárbaras. Con el tiempo, el oeste se fue fragmentando y desconectando a medida que sus territorios iban cayendo uno a uno.

La excesiva expansión del imperio acabó por debilitarlo. El territorio que Roma dominaba era demasiado extenso y difícil de controlar. Si el Imperio Romano se hubiera conformado con un imperio más pequeño, pero más estable, podría haber tenido más posibilidades contra futuras invasiones. Incluso con el eficiente sistema de carreteras romano, no podían comunicarse eficazmente con sus posesiones en todo el imperio. Los puestos de avanzada estaban a menudo demasiado lejos unos de otros para transmitir mensajes importantes a tiempo. Esta falta de comunicación significaba que, si algo iba mal, como ocurría a menudo, la ayuda no llegaría durante mucho tiempo. Los gobernantes locales sufrían a menudo rebeliones o ataques en sus ciudades. Para rechazar el flujo constante de invasores que ahora amenazaban regularmente la paz y la estabilidad del imperio, Roma se vio obligada a estacionar tropas en estas zonas y a construir fortificaciones defensivas que a menudo resultaban caras. El aumento del gasto militar provocó carencias en otras partes del imperio, lo que supuso un retroceso tecnológico para Roma.

La corrupción y la inestabilidad fueron rampantes en los últimos años del imperio. Un imperio sobredimensionado era suficientemente difícil de manejar incluso sin un liderazgo ineficaz. Una vez que el propio liderazgo comenzó a debilitarse, el resto del imperio se desmoronó rápidamente. La fuerza de Roma siempre había sido su liderazgo, y a lo largo de los largos años del imperio, esto había sido lo que le había permitido superar numerosos desafíos. Al desaparecer el liderazgo, también se desmoronaron las estructuras que lo sustentaban. El Senado romano era el más culpable por su cultura de excesos. Numerosos políticos de alto rango eran asesinados con regularidad, instauraron la cultura del miedo y la paranoia y esta conducía a constantes disputas y luchas internas en todos los sectores del gobierno. Los propios emperadores eran a menudo modelos de despilfarro y exceso, y esto se filtraba a través del gobierno.

Los hunos fueron considerados uno de los archienemigos de Roma durante el siglo V. Se diferenciaban de las demás tribus bárbaras en que su intención no era invadir y asentarse, sino asaltar tierras allí donde pudieran y llevarse lo que habían robado a sus propios hogares. Eran un pueblo nómada que alcanzó una nueva fuerza bajo el liderazgo de Atila el Huno, un gran señor de la guerra y jefe de la tribu. Sin embargo, no eran la única tribu bárbara que se disputaba el control de la península romana. Otras tribus también se desplazaban por Europa en busca de nuevas tierras y se cruzaban con el ejército romano. Una de estas tribus era la de los visigodos, a quienes se les permitió permanecer en el Imperio Romano a pesar de las dificultades. Fueron tratados con extrema crueldad por los soldados romanos y finalmente se rebelaron contra el dominio romano en la batalla de Adrianópolis en el año 378 d.C. Los romanos, que no estaban preparados, negociaron la paz con los godos en ese momento, pero se rompió en el 410 d.C. cuando Alarico el Godo saqueó Roma. Al mismo tiempo, los vándalos, los galos y los sajones fueron capaces de tomar vastas franjas de territorio romano.

El auge del cristianismo fue otro factor crítico en el debilitamiento del Imperio Romano. Cuando el emperador Constantino el Grande legalizó el cristianismo en torno al año 313 d.C., debilitó los valores tradicionales sobre los que se había construido Roma. Los valores paganos a los que se aferraron durante muchos años comenzaron a fallar como resultado. El cristianismo restó crédito a la idea de que el propio emperador era un dios. Erosionó la confianza en el estado. Otros actores políticos comenzaron a interferir en los asuntos del estado, como el papa y la iglesia. Los historiadores están divididos en cuanto a la contribución real del cristianismo al declive del imperio. Algunos consideran que tuvo poco impacto, mientras que otros afirman que tuvo un gran impacto (Andrews, 2019).

El debilitamiento del ejército romano fue definitivamente uno de los factores que presidieron la caída del imperio. Cuando Roma era próspera, el gobierno tenía cada vez más dinero para gastar en el fortalecimiento del ejército. Cuando el imperio empezó a tener problemas financieros y económicos, también tuvo problemas para encontrar suficientes soldados para cubrir los vastos espacios del imperio. Roma se vio obligada a emplear mercenarios de todo el imperio y de sus otros territorios. Estos hombres no eran tan leales ni estaban tan bien entrenados como los soldados romanos, y su rendimiento en la batalla se vio como resultado. Roma también tuvo muchos desertores durante esta época. Muchos de los bárbaros que lucharon contra Roma fueron en su día soldados romanos (Andrews, 2019).

La Cronología de la Decadencia

Cuando finalmente ocurrió, la caída del Imperio Romano fue bastante rápida, teniendo lugar en un periodo de unos 70 años. Aunque las semillas habían sido sembradas mucho antes, cuando finalmente dieron sus frutos, fue un proceso rápido. A partir del período marcado como el fin oficial del Imperio Romano de Occidente, en el año 476, la cultura romana se extinguió lentamente durante los siguientes 100 años.

Los visigodos saquearon Roma en el año 410 d.C. tras una campaña que duró casi nueve años a partir del 401 d.C. Esta fue una de las primeras (pero no la única) señales importantes de que el Imperio Romano estaba cerca de su fin.

Del 429 al 435 d.C., los vándalos atacaron los suministros de granos romanos en el norte de África, lo que provocó una escasez de alimentos en el imperio y el corte de una valiosa línea de suministro.

Del 440 al 454 d.C., los hunos atacaron y saquearon tanto el Imperio Romano de Occidente como el de Oriente. El Imperio Romano de Oriente les pagó con oro, pero siguieron atacando y atacando hasta que sus esfuerzos se vieron frustrados en la batalla de los campos Cataláunicos en el 451 d.C. Poco después, sus filas cayeron en la confusión.

En el 455, los vándalos saquearon Roma, pero fueron rechazados tras una apresurada consulta con el Papa León I.

La Caída del Imperio en 476

En 476, el imperio cayó. El líder bárbaro ex-romano Odoacro depuso al último romano occidental del Imperio, Rómulo Augústulo, y estableció el Reino de Italia. Lo que había llevado a esto fue la invasión vándala de los años 50. Cuando las debilidades de Roma quedaron al descubierto, otras tribus bárbaras comenzaron a rebelarse. Las tribus de la Galia, España y otros territorios comenzaron a rebelarse contra lo que percibían como sus señores, a menudo injustos. Al final de este turbulento proceso, y a través de una dolorosa batalla de sucesión, Rómulo Augústulo fue coronado emperador en el año 475. Orestes, el padre de Rómulo, se enemistó con un general auxiliar llamado Odoacro, que fomentó la revuelta en la ciudad de Roma y en la propia Italia. Huyendo a Pavía, Orestes fue perseguido por las fuerzas bárbaras invasoras y ejecutado. Odoacro recibió el título de patricio por parte del Senado romano, que, fragmentado como estaba, aún conservaba cierto poder. Rómulo fue enviado al exilio. Odoacro se proclamó rey, aunque no de toda Italia, y unió a las tribus bárbaras. Sin embargo, fue asesinado por un ostrogodo mientras disfrutaba de un banquete en el año 493. El conquistador del Imperio Romano había sido conquistado.

Consecuencias

Las consecuencias de los sucesos del 476 fueron una sangrienta guerra de sucesión por ver quién se quedaba con qué territorios de la península romana. Odoacro fue incapaz de librar completamente a Roma de los ostrogodos que habían amenazado con invadirla. El emperador romano de Oriente, Justiniano, luchó contra la amenaza ostrogoda durante casi 20 años, hasta que la venció. La reconquista romana de la península se detuvo con la invasión de Italia por los lombardos. Todos los territorios que el Imperio Romano de Occidente había ganado a lo largo de sus 1.000 años de historia se perdieron, incluyendo las Islas Británicas, Grecia, el norte de África y muchos otros. Lo único que quedó fueron los territorios pertenecientes al Imperio Romano de Oriente en Anatolia y Turquía. Este continuaría existiendo hasta 1453, casi 800 años después, f ue invadido por el Imperio Turco Otomano.

En general, el Imperio Romano de Occidente dejó de funcionar como Estado y fue invadido por una invasión tribal tras otra hasta que todo rastro de su antigua gloria y cultura fue asimilado o dejó de existir.

Lo que siguió en los siguientes cientos de años fue que el mundo pasó de estar centrado en una única potencia mundial a ser territorios individuales que se gobernaban a sí mismos. Nunca más el mundo vería una potencia tan influyente.

CONCLUSIÓN

La antigua Roma fue un imperio que creció de la nada a orillas del Río Tíber hasta convertirse en el mayor imperio que el mundo haya visto jamás. Empezando como un pequeño pueblo, evolucionando hasta convertirse en una gran y próspera ciudad y, finalmente, en un estado, luego en un reino, después en una república y, finalmente, en un imperio, siguió creciendo y creciendo. La semilla de este crecimiento se encuentra en la adaptabilidad del pueblo, su sólido liderazgo y su determinación para superar las difíciles circunstancias en las que se encontraban. Finalmente, lograron hacerse un nombre.

El gobierno de Julio César fue el momento clave de la transición de la república al imperio. Fue el catalizador que condujo a la formación del mundo de la Antigua Roma. El desarrollo y el ascenso al poder del gigante romano nos enseñó que lo que te hace grande no es lo que te han dado, sino lo que haces con lo que te han dado. El pueblo romano aprovechó al máximo sus recursos de manera que llegó a ser tan poderoso como lo fue.

El ejército romano fue el mayor ejército permanente que el mundo haya visto jamás. Su disciplina, su valor y su resistencia han servido de inspiración para muchos luchadores que vinieron después, muchos miles de años después, cuando el polvo del imperio ya se había asentado.

Los gladiadores romanos nos enseñaron que la abnegación es un premio del que nadie está exento y que nadie es demasiado pobre para comprarlo. Nos enseñaron el valor de vivir y morir noblemente. Una vida y una muerte dignas no es algo a lo que muchos aspiren en el mundo actual. El imperio no solo fue la envidia del mundo antiguo, sino que sigue inspirando y educando hasta nuestros días. Se han escrito innumerables libros, obras de teatro, películas, cantado canciones y poemas sobre este glorioso periodo de la historia mundial. Lo que el estudio de este periodo de la historia antigua nos ha enseñado es que todo imperio tiene un principio y un final. La antigua Roma tenía muchos problemas: corrupción, codicia, excesos y todo tipo de maldades. Fue un gran imperio, pero también fue brutal. Aprendimos que nada dura para siempre, por muy fuerte o sólido que sea. Incluso los más grandes imperios pueden desmoronarse si se apartan de los principios que los hicieron grandes. El cambio no es malo, sino que es una parte necesaria de la vida.

El Imperio Romano cayó en el año 476 y desapareció, pero las lecciones que impartieron y el legado que dejaron siguen existiendo hasta nuestros días. Uno puede ver las estatuas de los antiguos emperadores romanos y aprender de sus historias. Este libro ha demostrado que las vastas y antiguas civilizaciones son más que las personas que las gobiernan. Están hechas y construidas por las personas que vivían en ellas. Las batallas que libraron, tanto en la victoria como en la derrota, son legendarias y siguen dándonos esperanza aún hoy en día. El pueblo romano se enfrentó a veces a dificultades insuperables en su lucha por seguir siendo relevante en la era antigua. El pueblo romano era un microcosmos del propio imperio: fuerte, duro y resistente.

Este libro ha servido de base para un cuidadoso análisis de estas personas y su papel en la historia. La intención de analizar estos relatos y la historia que los sustenta era examinar los supuestos sobre los que se construyó la antigua Roma. Se examinó lo bueno y lo malo, y a veces incluso lo feo. Desde su surgimiento hasta su final, lo más significativo de lo que hizo especial al Imperio Romano son los momentos en los que nos inspira a ir más allá de lo que somos capaces de hacer y a estirarnos hasta alturas que nunca supimos que eran posibles. El mayor imperio del mundo nos enseña que los límites del potencial humano no tienen fin cuando realmente creemos que podemos hacer lo imposible.

BONO GRATUITO DE HISTORY BROUGHT ALIVE (HBA): PAQUETE DE EBOOKS

¡Saludos!

En primer lugar, gracias por leer nuestros libros. Como compañeros apasionados por la historia y la mitología, nuestro objetivo es crear los mejores libros para nuestros lectores.

Ahora, te invitamos a unirte a nuestra lista VIP. Como regalo de bienvenida, te ofrecemos el paquete de libros de historia y mitología que aparece a continuación de forma gratuita. Además, podrás ser el primero en recibir los nuevos libros y las exclusivas. Recuerda que es 100% gratuito unirse.

Simply click the click or scan the QR code below to join.

https://www.subscribepage.com/hba

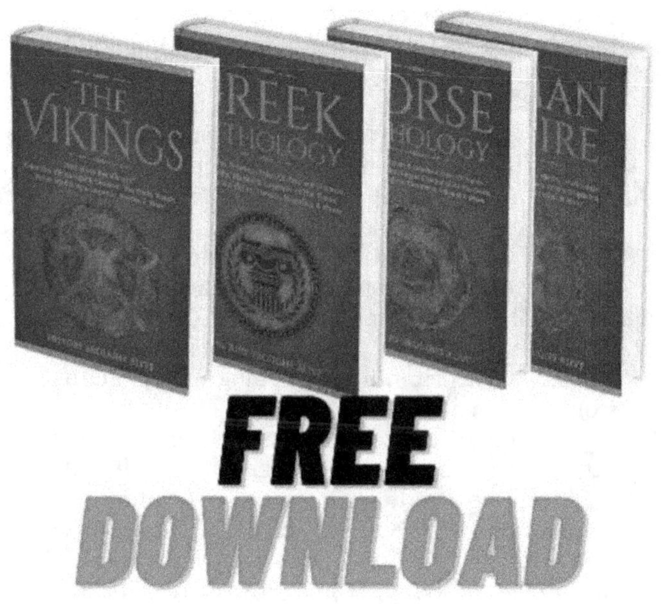

Keep up to date with us on:

YouTube: History Brought Alive

Facebook: History Brought Alive

www.historybroughtalive.com

REFERENCES

Adhikari, S. (2019a, February 11). Top 10 Interesting Roman Mythology Stories. Ancient History Lists. https://www.ancienthistorylists.com/rome-history/top-10-interesting-roman-mythology/

Adhikari, S. (2019b, April 9). Top 10 Famous People in Ancient Rome. Ancient History Lists. https://www.ancienthistorylists.com/rome-history/top-10-famous-people-ancient-rome/

Adhikari, S. (2019, April 29). Top 10 Greatest Emperors of Ancient Rome. Ancient History Lists. https://www.ancienthistorylists.com/rome-history/top-10-greatest-emperors-ancient-rome/

Alexander Hugh McDonald. (2019). Tacitus | Roman historian. In Encyclopædia Britannica. https://www.britannica.com/biography/Tacitus-Roman-historian

Ancient Roman Entertainment. (2020). Wabash. http://persweb.wabash.edu/facstaff/royaltyr/AncientCities/web/bradleyj/Project%201/Games.html#:~:text=Men%20all%20over%20Rome%20enjoyed

Ancient Roman Recipes. (2000, November). PBS. https://www.pbs.org/wgbh/nova/article/roman-recipes/

Ancient Roman statutes : translation, with introduction, commentary, glossary, and index. (2019). Yale; Austin : University of Texas Press, 1961. https://avalon.law.yale.edu/ancient/twelve_tables.asp

Ancient Rome: Food and Drink. (2019). Ducksters. https://www.ducksters.com/history/ancient_rome/food_and_drink.php

Andrews, E. (2018, August 29). 8 Reasons Why Rome Fell. HISTORY. https://www.history.com/news/8-reasons-why-rome-fell

Arnott, G. (2019). Terence | Roman dramatist | Britannica. In Encyclopædia Britannica. https://www.britannica.com/biography/Terence

Augustus. (2018, August 21). HISTORY. https://www.history.com/topics/ancient-history/emperor-augustus

Battle of Actium. (2021, April 26). Wikipedia. https://en.wikipedia.org/wiki/Battle_of_Actium#Battle

Battle of Cannae. (2020, March 4). Wikipedia. https://en.wikipedia.org/wiki/Battle_of_Cannae

Battle of Corinth (146 BC). (2021, April 9). Wikipedia. https://en.wikipedia.org/wiki/Battle_of_Corinth_(146_BC)#Battle

Battle of the Catalaunian Plains. (2021, April 25). Wikipedia. https://en.wikipedia.org/wiki/Battle_of_the_Catalaunian_Plains#Battle

Battle of the Teutoburg Forest. (2021, April 22). Wikipedia. https://en.wikipedia.org/wiki/Battle_of_the_Teutoburg_Forest#Battles

Beneš, C. E. (2009). Whose SPQR?: Sovereignty and Semiotics in Medieval Rome. Speculum, 84(4), 874–904. https://www.jstor.org/stable/40593680?seq=1

Byzantium: The New Rome. (n.d.). Lumen Learning. https://courses.lumenlearning.com/boundless-worldhistory/chapter/byzantium-the-new-rome/#:~:text=One%20of%20Constantine

Cartwright, M. (2013, October 22). Roman Warfare. World History Encyclopedia. https://www.worldhistory.org/Roman_Warfare/

Cartwright, M. (2014, April 13). Roman Naval Warfare. World History Encyclopedia. https://www.worldhistory.org/Roman_Naval_Warfare/

Cicero. (n.d.). Internet Encyclopedia of Philosophy. https://iep.utm.edu/cicero/#H3

Constantine the Great: History of York. (n.d.). History of York. http://www.historyofyork.org.uk/themes/constantine-the-great

Daily Life in the country. (n.d.). Rome. https://rome.mrdonn.org/countrylife.html#:~:text=

In%20the%20country%2C%20they%20enjoyed

Dattatreya, M. (2016, August 8). Restored Pompeii Kitchens Glimpses Into Ancient Roman Cooking Styles. Realm of History. https://www.realmofhistory.com/2016/08/08/restored-pompeii-kitchens-roman-cooking/

Deposition of Romulus Augustus. (2020, December 15). Wikipedia. https://en.wikipedia.org/wiki/Deposition_of_Romulus_Augustus

Flavius Aetius. (2021, April 4). Wikipedia. https://en.wikipedia.org/wiki/Flavius_Aetius

Geography of the Roman World. (n.d.). Students of History. https://www.studentsofhistory.com/geography-of-the-roman-world

Greenspan, J. (2018, August 30). 8 Things You May Not Know About Augustus. HISTORY. https://www.history.com/news/8-things-you-may-not-know-about-augustus

Hannibal. (2018, August 21). HISTORY. https://www.history.com/topics/ancient-history/hannibal

Hays, J. (n.d.). MUSIC IN ANCIENT ROME. Facts and Details. http://factsanddetails.com/world/cat56/sub399/entry-6333.html

Hays, J. (2018). GEOGRAPHY AND CLIMATE IN ANCIENT ROME. Facts and Details. http://factsanddetails.com/world/cat56/sub401/item2048.html

History of Ancient Rome for Kids: Roman Food, Jobs, Daily Life. (2018). Ducksters. https://www.ducksters.com/history/ancient_rome_food_daily_life.php

History of Ancient Rome for Kids: Roman Gods and Mythology. (2019). Ducksters. https://www.ducksters.com/history/ancient_roman_gods_mythology.php

History of Ancient Rome for Kids: The Roman Army and Legion. (n.d.). Ducksters.

https://www.ducksters.com/history/ancient_rome_army_legions.php#:~:text=The%20Roman%20soldiers%20used%20a

Imperial Roman Army – Training. (2016, April 29). Military History Visualized - Official Homepage for the YouTube Channel. http://militaryhistoryvisualized.com/imperial-roman-army-training/

Julius Caesar. (2017, November 30). Biography; A&E Television Networks. https://www.biography.com/political-figure/julius-caesar

Kemezis, A. (2014). From Antonine to Severan (A. M. Kemezis, Ed.). Cambridge University Press; Cambridge University Press. https://www.cambridge.org/core/books/greek-narratives-of-the-roman-empire-under-the-severans/from-antonine-to-severan/31ADC6E1D2C80976502676EEFC264BB4

List of Roman Authors. (n.d.). Latinitium. https://www.latinitium.com/blog/list-of-roman-authors/#3rdcenturyad

Lloyd, J. (2013, April 13). Roman Army. World History Encyclopedia. https://www.worldhistory.org/Roman_Army/

Mark, J. (2008, September 2). Ancient Rome. World History Encyclopedia. https://www.worldhistory.org/Rome/

Marrison, R. (2020, August 24). Top 10 famous Roman Gladiators. History Ten. https://historyten.com/roman/famous-roman-gladiators/

Military Tactics of the Roman Army. (n.d.). Spartacus Educational. https://spartacus-educational.com/ROMmilitary.htm#:~:text=The%20combat%20formation%20used%20by

National Geographic Society. (2018, July 6). Rome's Transition from Republic to Empire. National Geographic Society. https://www.nationalgeographic.org/article/romes-transition-republic-empire/

Paganism and Rome. (2019). University of Chicago. https://penelope.uchicago.edu/~grout/encyclopaedia_romana/greece/paganism/paganism.html

Pliny the Younger - Ancient Rome - Classical Literature. (n.d.). Ancient Literature. https://www.ancient-literature.com/rome_pliny.html

Ricketts, C. (2018, August 18). 5 Key Works of Roman Literature. History Hit. https://www.historyhit.com/key-works-of-roman-literature/

Roe, I. (2012, January 19). 7 Greatest Roman Generals. Listverse. https://listverse.com/2012/01/19/7-greatest-roman-generals/

Roman Empire. (2020, November 21). Wikipedia. https://en.wikipedia.org/wiki/Roman_Empire#Fall_in_the_West_and_survival_in_the_East

Roman Empire (27 BC – 476 AD) - History of Rome. (2019). Rome. https://www.rome.net/roman-empire

Roman geography. (n.d.). Ancient Roman Civilization. https://galligan18.weebly.com/roman-geographyregionlocation.html#:~:text=Geography%2Flocation

ROMAN MEALS: An Introduction. (n.d.). Carroll. https://www.carroll.edu/sites/default/files/content/academics/philosophy/msmillie/foodilap/introRommeal.htm

Roman navy. (2021, March 2). Wikipedia. https://en.wikipedia.org/wiki/Roman_navy

Roman Navy - Know the Romans. (n.d.). Know the Romans. https://www.knowtheromans.co.uk/roman-army/roman-navy/

Roman Republic (509 BC – 27 BC) - History of Rome. (2019). Rome. https://www.rome.net/roman-republic

Rome founded. (2019, February 20). HISTORY. https://www.history.com/this-day-in-history/rome-founded

Rome Timeline. (n.d.). World History. https://www.worldhistory.org/timeline/Rome/

Second Triumvirate - Livius. (2003). Livius.

https://www.livius.org/articles/concept/triumvir/second-triumvirate/

Septimius Severus. (n.d.). Encyclopedia Britannica. https://www.britannica.com/biography/Septimius-Severus

Simkin, J. (2014). The Roman Army. Spartacus Educational. https://spartacus-educational.com/ROMarmy.htm

Tacitus | Encyclopedia.com. (2018, August 18). Encyclopedia. https://www.encyclopedia.com/people/history/historians-ancient-biographies/tacitus

Tacitus and Jesus. Christ Myth refuted. Did Jesus exist? (n.d.). Tektonics. https://www.tektonics.org/jesusexist/tacitus.php

The Bestiarius and the Ludus Matutinus. (n.d.). University of Chicago. https://penelope.uchicago.edu/~grout/encyclopaedia_romana/gladiators/bestiarii.html

The Geography of Ancient Rome. (n.d.). Scott Devlin. https://sites.google.com/site/romescottdevlin/the-geography-of-ancient-rome

The Geography of Transport Systems. (n.d.). The Geography of Transport Systems. Retrieved April 27, 2021, from https://transportgeography.org/contents/chapter1/emergence-of-mechanized-transportation-systems/roman-empire-c125ce/

The Roman Empire: in the First Century. The Roman Empire. Emperors. Julius Caeser | PBS. (2019). PBS. https://www.pbs.org/empires/romans/empire/julius_caesar.html

The Roman Republic. (n.d.). Khan Academy. https://www.khanacademy.org/humanities/world-history/ancient-medieval/roman-empire/a/roman-republic#:~:text=Rome%20was%20able%20to%20gain

The Roman Tortoise. (2013). Primary Homework Help. http://www.primaryhomeworkhelp.co.uk/romans/formation.html

Tilburg, C. (2019). Via publica. The Encyclopedia of

Ancient History, 1–1. https://doi.org/10.1002/9781444338386.wbeah06342.pub2

Trueman, C. N. (2015, March 16). Rome and Christianity. History Learning Site. https://www.historylearningsite.co.uk/ancient-rome/rome-and-christianity/#:~:text=Rome%20had%20a%20large%20number

US history. (n.d.). The Pax Romana. US History. https://www.ushistory.org/civ/6c.asp

US history. (2019). The Fall of the Roman Empire. US History. https://www.ushistory.org/civ/6f.asp

Wasson, D. (2016a, March 20). First Triumvirate. World History Encyclopedia. https://www.worldhistory.org/First_Triumvirate/

Wasson, D. (2016b, April 7). Roman Republic. World History Encyclopedia. https://www.worldhistory.org/Roman_Republic/

What was life like in the Roman army? (2019, November 14). BBC Bitesize; BBC. https://www.bbc.co.uk/bitesize/topics/zwmpfg8/articles/zqbnfg8

Williams, N. (2016, December 16). Geography and Topography of Rome and the Roman Empire. Humanities LibreTexts. https://human.libretexts.org/Bookshelves/History/World_History/Book%3A_World_History_-_Cultures_States_and_Societies_to_1500_(Berger_et_al.)/06%3A_The_Roman_World_from_753_BCE_to_500_BCE/6.05%3A_Geography_and_Topography_of_Rome_and_the_Roman_Empire

Zoccali, N. (2019, June 20). What is garum? Gourmet Traveller. https://www.gourmettraveller.com.au/recipes/explainers/what-is-garum-17421

OTHER BOOKS BY HISTORY BROUGHT ALIVE

- Ancient Egypt: Discover Fascinating History, Mythology, Gods, Goddesses, Pharaohs, Pyramids, and More from the Mysterious Ancient Egyptian Civilization.

Available now on Kindle, Paperback, Hardcover & Audio in all regions

- Greek Mythology: Explore The Timeless Tales Of Ancient Greece, The Myths, History & Legends of The Gods, Goddesses, Titans, Heroes, Monsters & More

Available now on Kindle, Paperback, Hardcover & Audio in all regions

- Mythology for Kids: Explore Timeless Tales, Characters, History, & Legendary Stories from Around the World. Norse, Celtic, Roman, Greek, Egypt & Many More

Available now on Kindle, Paperback, Hardcover & Audio in all regions

- Mythology of Mesopotamia: Fascinating Insights, Myths, Stories & History From The World's Most Ancient Civilization. Sumerian, Akkadian, Babylonian, Persian, Assyrian and More

Available now on Kindle, Paperback, Hardcover & Audio in all regions

- Norse Magic & Runes: A Guide To The Magic, Rituals, Spells & Meanings of Norse Magick, Mythology & Reading The Elder Futhark Runes

Available now on Kindle, Paperback, Hardcover & Audio in all regions

- Norse Mythology, Vikings, Magic & Runes: Stories, Legends & Timeless Tales From Norse & Viking Folklore + A Guide To The Rituals, Spells & Meanings of Norse Magick & The Elder Futhark Runes. (3 books in 1)

Available now on Kindle, Paperback, Hardcover & Audio in all regions

- Norse Mythology: Captivating Stories & Timeless Tales Of Norse Folklore. The Myths, Sagas & Legends of The Gods, Immortals, Magical Creatures, Vikings & More

Available now on Kindle, Paperback, Hardcover & Audio in all regions

- Norse Mythology for Kids: Legendary Stories, Quests & Timeless Tales from Norse Folklore. The Myths, Sagas & Epics of the Gods, Immortals, Magic Creatures, Vikings & More

Available now on Kindle, Paperback, Hardcover & Audio in all regions

- Roman Empire: Rise & The Fall. Explore The

History, Mythology, Legends, Epic Battles & Lives Of The Emperors, Legions, Heroes, Gladiators & More

Available now on Kindle, Paperback, Hardcover & Audio in all regions

- The Vikings: Who Were The Vikings? Enter The Viking Age & Discover The Facts, Sagas, Norse Mythology, Legends, Battles & More

Available now on Kindle, Paperback, Hardcover & Audio in all regions

EL IMPERIO ROMANO

We sincerely hope you enjoyed our new book ***"El Imperio Romano"***. We would greatly appreciate your feedback with an honest review at the place of purchase.

First and foremost, we are always looking to grow and improve as a team. It is reassuring to hear what works, as well as receive constructive feedback on what should improve. Second, starting out as an unknown author is exceedingly difficult, and Amazon reviews go a long way toward making the journey out of anonymity possible. Please take a few minutes to write an honest review.

Best regards,

History Brought Alive

http://historybroughtalive.com/

www.ingramcontent.com/pod-product-compliance
Lightning Source LLC
Chambersburg PA
CBHW071001180726
48291CB00004B/1393